CW00621330

Themen 2

Lehrwerk für
Deutsch als Fremdsprache
Arbeitsbuch Ausland

von Hartmut Aufderstraße,
Heiko Bock, Jutta Müller

Projektbegleitung: Hans-Eberhard Piepho

Max Hueber Verlag

Verlagsredaktion: Werner Bönzli · Reichertshausen
Illustrationen: Joachim Schuster · Baldham
Umschlagillustration: Dieter Bonhorst · München
Layout: Erwin Faltermeier · München
Fotos: vgl. Quellennachweis

Das Werk und seine Teile sind urheberrechtlich geschützt. Jede
Verwertung in anderen als den gesetzlich zugelassenen Fällen bedarf
deshalb der vorherigen schriftlichen Einwilligung des Verlags.

8. 7. 6.   Die letzten Ziffern bezeichnen
1994 93 92 91 90   Zahl und Jahr des Druckes.
Alle Drucke dieser Auflage können, da unverändert, nebeneinander
benutzt werden.
1. Auflage
© 1985 Max Hueber Verlag, D-8045 Ismaning
Gesamtherstellung: Ludwig Auer GmbH, Donauwörth
Printed in the Federal Republic of Germany
ISBN 3–19–021372–0

Inhalt

Vorwort

Das Arbeitsbuch zu Themen 2 bietet wiederum zu jeder Lektion einen *Übungsteil* und *zusätzliche Lesetexte*. Das Konzept der Übungen hat sich gegenüber Themen 1 nicht verändert: die zentralen Redemittel jeder Lektion werden einzeln herausgehoben, ihre Bildung und ihr Gebrauch wird systematisch geübt.

Wiederum sind die Übungen unterschieden nach
– Wortschatzübungen (WS)
– Grammatikübungen (GR)
– Bedeutungsübungen (BD)
– Übungen zum schriftlichen Ausdruck (SA)

Außerdem wird jede Übung im Arbeitsbuch dem entsprechenden B-Schritt im Kursbuch zugeordnet. So bedeutet z. B. die Kennzeichnung

B2
WS

daß in dieser Übung der Wortschatz des Lernschritts B2 der Lektion wiederholt wird.

Zu den meisten Übungen gibt es eindeutige Lösungen, die im *Schlüssel im Anhang* des Arbeitsbuches aufgeführt sind, um den Lernern die Möglichkeit zur Selbstkorrektur zu geben. So können zusammen mit dem Kursbuch und einem Glossar versäumte Stunden zu Hause nachgeholt werden. Im Kurs sollten die Übungen vor allem nach Erklärungsphasen und in Stillarbeitsphasen eingesetzt werden.

Das Arbeitsbuch ist nicht als Schreibbuch gedacht. Die Lücken und Linien sollen nur den technischen Ablauf verdeutlichen; für die Lösungen der Übungen wird eigenes Schreibpapier benötigt.

Verfasser und Verlag

Lektion 1

1. Was paßt nicht?

a) blond – schwarz – rot – (hübsch)
b) dick – groß – (sympathisch) – schlank
c) dünn – langweilig – (ruhig) – intelligent
d) schmal – (jung) – lang – klein

e) nett – sympathisch – (langweilig) – interessant
f) nervös – (schön) – dumm – unsympathisch
g) weiß – braun – rot – (rund)
h) hübsch – attraktiv – schön – (lustig)

2. Ergänzen Sie.

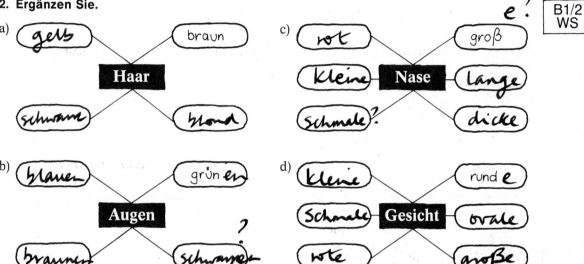

3. Ergänzen Sie.

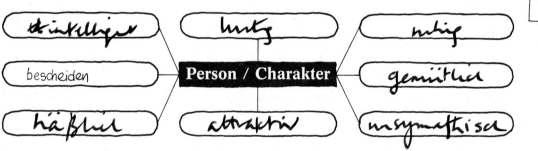

4. Was paßt nicht?

a) Rock: kurz – lang – rund – neu – jung
b) Schuhe: blau – dick – hübsch – sympathisch – sportlich
c) Brille: lang – dunkel – rund – weich – alt
d) Beine: lang – (groß) – kurz – dick – freundlich
e) Kleidung: gemütlich – dezent – blond – häßlich – sportlich
f) Pullover: dick – schlank – blau – dünn – nervös
g) Strümpfe: rot – sympathisch – dünn – jung – dick

Lektion 1

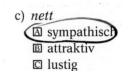
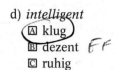

B1/2 WS

5. Was ist ähnlich?

a) *schlank*
- Ⓐ lang *(circled)*
- Ⓑ dünn
- Ⓒ rund

b) *hübsch*
- Ⓐ schön
- Ⓑ jung *(circled)*
- Ⓒ sympathisch

c) *nett*
- Ⓐ sympathisch *(circled)*
- Ⓑ attraktiv
- Ⓒ lustig

d) *intelligent*
- Ⓐ klug *(circled)*
- Ⓑ dezent *FF*
- Ⓒ ruhig

B1/2 WS

6. Ergänzen Sie. Wie heißt das Gegenteil?

a) alt – *jung*
b) groß – *klein*
c) schlank – *dick*
d) lustig – *traurig*
e) schön – *häßlich*

f) unattraktiv – *attraktiv*
g) ruhig – *laut*
h) interessant – *langweilig*
i) sportlich – *nicht gesund*
j) freundlich – *unsympathisch*

k) dick – *schlank*
l) neu – *alt*
m) häßlich – *hübsch*
n) dumm – *intelligent*
o) gemütlich – *nervös*

B1/2 WS

7. Ergänzen Sie.

a) *schön* > aussehen
...

b) *komisch* > sein
...

c) *einen Mantel* > tragen
...

B1/2 WS

8. Ergänzen Sie.

(ansehen / sieht) *(trägt)*

a) Ich *finde* Klaus sympathisch.
b) Eva *sieht* sehr nervös aus.
c) Uta *ist* groß und schlank.
d) Karin *hat* einen roten Rock.
e) Der rote Rock *macht* sie jünger.
f) Brigitte *gefällt* mir gut.

B1/2 WS

9. Was ist das?

a) die anderen Menschen — *die Leute*
b) eine sehr junge, nicht verheiratete Frau — *Mädchen*
c) sehr junge Menschen (bis 14 Jahre) — *Kinder*
d) Es hat eine Nase, zwei Augen und einen Mund. *das Gesicht*
e) Sie sind rechts und links von der Nase. — *Augen*
f) Mit ihm ißt man. — *Mund*
g) Sie ist über dem Mund. — *Nase*
h) Mit diesen Personen arbeitet man zusammen. — *Kollegen*
i) Viele Leute können ohne sie nicht sehen. — *Brille*
j) Man bekommt es von der Post, und es kostet wenig Zeit. — *Telegramm*
k) Man bekommt es von der Post, und es ist nur ein Stück Papier. — *Brief*
l) Man trägt sie an den Füßen. — *Schuhe Strümpfe*
m) Es heißt bei der Frau ‚Bluse‘, beim Mann anders. — *Hemd*
n) eine Hose und Jacke mit gleicher Farbe — *Anzug ?*
o) Sie hat zwei Beine, aber sie kann nicht gehen. — *Hose ?*
p) Man trägt ihn meistens über einem Hemd oder einer Bluse. — *Pullover*

6

10. Welches Wort paßt wo?

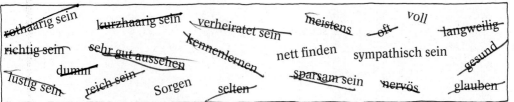

rothaarig sein · kurzhaarig sein · verheiratet sein · meistens · oft · voll · langweilig · richtig sein · sehr gut aussehen · kennenlernen · nett finden · sympathisch sein · dumm · lustig sein · reich sein · Sorgen · selten · sparsam sein · nervös · glauben · gesund

a) nicht interessant – _langweilig_
b) unruhig – _nervös_
c) nicht intelligent – _dumm_
d) ein Ehepaar sein – _verheiratet sein_ *
e) schön sein – _sehr gut aussehen_
f) rote Haare haben – _rothaarig sein_
g) gerne mögen
   (eine Person) – _nett finden_
h) meinen – _glauben_
i) wenig Geld
   ausgeben – _sparsam sein_
j) viel Geld haben – _reich sein_
k) oft lachen – _lustig sein_

l) kurze Haare haben – _kurzhaarig sein_
m) nicht selten – _oft_
n) nicht immer,
   aber sehr oft – _meistens_
o) stimmen – _richtig sein_
p) Probleme – _Sorgen_ *
q) nicht leer – _voll_
r) nicht oft – _selten_
s) eine Person zum
   ersten Mal sehen und
   mit ihr sprechen – _kennenlernen_ *
t) nett sein – _sympathisch sein_
u) nicht krank – _gesund_

11. Was ist typisch für ...?

a)

Robert Redford

b)

Bud Spencer

Haare: blond	_Die blonden Haare._	Gesicht: lustig	_Ein lustiges Gesicht_
Augen: blau	_Die blauen Augen_	Arme: stark	_Die starken Arme_
Gesicht: schön	_Das schöne Gesicht_	Bauch: dick	_Ein dicker Bauch_
Figur: gut	_Der gute Figur_	Appetit: groß	_Der große Appetit_

c)

Klaus
Kinski

d)

Mick
Jagger

Augen: gefährlich

Gesicht: schmal

Haare: dünn

Haut: hell

Beine: lang

Lippen: dick

Bauch: dünn

Nase: groß

B1/2
GR

12. „Welchen findest du besser?" Schreiben Sie.

a) Pullover (dick/dünn)

○ *Welchen findest du besser, den dicken oder den dünnen Pullover?*

□ *Den dicken.*

Ebenso:

b) Schuhe (modern/sportlich)

c) Rock (lang/kurz)

d) Bluse (weiß/blau)

e) Strümpfe (braun/schwarz)

f) Kleid (gelb/rot)

g) Jacke (grün/braun)

B1/2
GR

13. Was paßt wozu? Schreiben Sie?

a)

Strümpfe: dick – Schuhe: schwer

Die dicken Strümpfe passen zu den schweren Schuhen.

Ebenso:

b)

Rock: schwarz – Bluse: weiß

d)

Mantel: dünn – Anzug: hell

c)

Hemd: sportlich – Hose: kurz

e)

Jacke: modern – Kleid: kurz

14. Hartmut hatte Geburtstag. Von wem hat er welche Geschenke? Schreiben Sie.   B1/2 GR

a) Fotoapparat: billig, von Bernd
   Den billigen Fotoapparat hat
   er von Bernd.

   Ebenso:
b) Uhr: komisch, von Petra
c) Buch: langweilig, von Udo
d) Pullover: häßlich, von Inge
e) Kuchen: alt, von Carla
f) Schallplatte: kaputt, von Dagmar
g) Hemd: unbequem, von Horst
h) Schuhe: alt, von Rolf
i) Strümpfe: kaputt, von Holger

15. Ihre Grammatik: Ergänzen Sie.   B1/2 GR

	Nominativ	Akkusativ	Dativ
Rock: schwarz	der schwarze Rock	d	
Jacke: modern			
Hemd: neu			
Schuhe: groß			

Lektion 1

16. „Wie findest du . . .?" Schreiben Sie.

a) Garten: zu klein
   ○ <u>Wie findest du den Garten?</u>
   □ <u>Ich finde ihn zu klein.</u>

   Ebenso:
b) Kinder: süß
c) Küche: praktisch
d) Hund: dumm
e) Gerd: etwas nervös
f) Bad: zu dunkel
g) Wohnzimmer: phantastisch
h) Gerd und Gisela: nett
i) Auto: nicht schlecht
j) Möbel: sehr modern
k) Gisela: sympathisch

17. Kennen Sie das Märchen von König Drosselbart? Die schöne Königstochter soll heiraten, aber kein Mann gefällt ihr.

Was sagt sie über die anderen Männer? Schreiben Sie.

Über b)? <u>Wie häßlich! So ein</u>
Ebenso: c–h

Brust	Mund	Arme	Beine	Bauch	Nase	Gesicht
lang	dick	kurz	traurig	dünn	groß	schmal

B1/2
GR

18. Beschreiben Sie die Personen.

a) Er hat _einen dicken_____ Bauch.
_____ Beine.
_____ Füße.
_____ Haare.
_____ Brille.
_____ Gesicht.
_____ Nase.
_____ Mund.

c) Sie hat _____ Ohren.
_____ Haare.
_____ Nase.
_____ Mund.
_____ Beine.
_____ Gesicht.
_____ Füße.
_____ Hals.

b) Sein Bauch ist _dick_____
Seine Beine sind _____
Seine Füße sind _____
Seine Haare sind _____
Seine Brille ist _____
Sein Gesicht ist _____
Seine Nase ist _____
Sein Mund ist _____

d) Ihre Ohren sind _____
Ihre Haare sind _____
Ihre Nase ist _____
Ihr Mund ist _____
Ihre Beine sind _____
Ihr Gesicht ist _____
Ihre Füße sind _____
Ihr Hals ist _____

B1/2
GR

19. Ergänzen Sie.

a) Er trägt einen schwarz_en___ Anzug mit einem weiß_____ Hemd.
b) Sie trägt einen blau_____ Rock mit einer gelb_____ Bluse.
c) Er trägt schwer_____ Schuhe mit dick_____ Strümpfen.
d) Sie trägt einen dunkl_____ Rock mit einem rot_____ Pullover.
e) Sie trägt ein weiß_____ Kleid mit einer blau_____ Jacke.
f) Er trägt eine braun_____ Hose mit braun_____ Schuhen.

Lektion 1

B1/2 GR

20. Ihre Grammatik: Ergänzen Sie.

	Nominativ	Akkusativ	Dativ
Bluse: grau	eine graue Bluse	eine	
Kleid: neu			
Mantel: alt			
Augen: grün			

B1/2 GR

21. Schreiben Sie Anzeigen.

a) Frau (jung) → Mann (attraktiv) mit Figur (sportlich), Augen (braun), Haaren (schwarz)

b) Mann (jung) →Freundin (nett) mit Kopf (intelligent), Gesicht (hübsch), Haare (rot)

> Junge Frau sucht attraktiven Mann mit sportlicher Figur, braunen Augen und schwarzen Haaren.
> Zuschriften unter 753928 an die WAZ.

Ebenso:

c) Mann (nett) → Mädchen (hübsch) mit Haaren (lang), Augen (blau)

d) Frau (sympathisch) → Mann (ruhig) mit Charakter (gut)

e) Mädchen (attraktiv) → Freund (reich) mit Armen (stark), Auto (schnell)

f) Herr (ruhig) → Lehrerin (freundlich) mit Kopf (intelligent) und Figur (gut)

g) Mann (jung) → Mädchen (jung) mit Augen (lustig) und Ideen (verrückt)

Ihre Grammatik: Ergänzen Sie.

	Nominativ	Akkusativ	Dativ
Mann: jung	junger Mann	j	
Kleidung: sportlich			
Auto: schnell			
Frauen: reich			

B1/2 GR

22. Schreiben Sie Dialoge.

a) Bluse: weiß, blau

○ Du suchst doch eine Bluse. Wie findest du die da?
□ Welche meinst du?
○ Die weiße.
□ Die gefällt mir nicht.
○ Was für eine möchtest du denn?
□ Eine blaue.

Ebenso:

b) Hose: braun, schwarz

c) Kleid: kurz, lang

d) Rock: rot, gelb

e) Schuhe: rot, blau

23. Was paßt zusammen?

B1/2
BD

A	Gefällt Ihnen Eva gut?
B	Wie finden Sie Klaus?
C	Hat Klaus eine nette Frau?
D	Was trägt Karin?
E	Wie sieht deine Freundin aus?
F	Was für Augen hat Uta?
G	Welches Kleid trägst du heute abend?
H	Wie kann ich Sie am Bahnhof erkennen?
I	Ist Klaus schwarzhaarig?

1	Das weiße.
2	Ich finde ihn langweilig.
3	Ich glaube, sie sind braun.
4	Ja, sie ist sehr nett.
5	Nein, er ist blond.
6	Er ist sehr sympathisch.
7	Mir gefällt sie nicht.
8	Ich trage einen braunen Anzug.
9	Grüne.
10	Sie ist groß und schlank.
11	Ein blaues Kleid.

A	B	C	D	E	F	G	H	I
4,7								

24. Was können Sie auch sagen?

B1/2
BD

a) *Eva trägt gern sportliche Kleidung.*
   A Eva ist sportlich.
   B Eva mag sportliche Kleidung.
   C Eva treibt gern Sport.

b) *Dann ist ja alles klar.*
   A Das verstehe ich gut.
   B Das ist ja einfach.
   C Dann gibt es ja keine Probleme mehr.

c) *Findest du Bruno nett?*
   A Magst du Bruno?
   B Ist Bruno schön?
   C Ist Bruno attraktiv?

d) *Peter und Susanne sind verheiratet.*
   A Peter und Susanne haben Kinder.
   B Peter und Susanne sind ein Ehepaar.
   C Peter und Susanne wohnen zu-
      sammen.

e) *Das finde ich gut.*
   A Das schmeckt mir nicht.
   B Das gefällt mir.
   C Das ist gemütlich.

f) *Bernd ist schwarzhaarig.*
   A Bernd hat schwarze Haare.
   B Bernd sieht schwarz aus.
   C Bernd trägt schwarz.

g) *Udo sieht sehr gut aus.*
   A Udo kann gut sehen.
   B Udo ist sehr attraktiv.
   C Udo ist sehr nett.

h) *Jochen ist langhaarig.*
   A Jochen ist lang und haarig.
   B Jochen hat viele Haare.
   C Jochen hat lange Haare.

Lektion 1

B1/2
SA

25. Schreiben Sie einen Brief.

Sie haben eine(n) Brieffreund(in) in Berlin. Sie besuchen ihn (sie) und kommen mit dem Flugzeug. Er (Sie) soll Sie am Flughafen abholen, aber hat Sie noch nie gesehen. Schreiben Sie, wann Sie ankommen und wie Sie aussehen.

..., den ...

Liebe (r) ...

B3
WS

26. Ergänzen Sie.

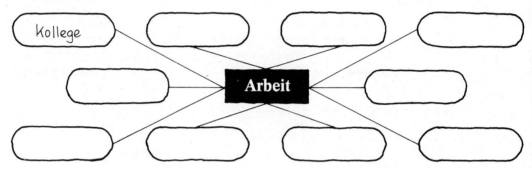

Kollege

Arbeit

B3
WS

27. Welches Wort paßt?

ärgern   normal   kritisieren   verrückt   pünktlich   kündigen   Frisur   verlangen

wirklich   Fehler   angenehm   arbeitslos   Arbeitgeber   Arbeitsamt   zufrieden

Stelle

a) Jemand hat keine Stelle. Er (Sie) ist _____.

b) Der Chef einer Firma ist der _____.

c) Jemand will nicht mehr in seiner Firma arbeiten. Dann muß er (sie) _____.

d) Sie hat keine Arbeit. Sie sucht eine _____.

e) Hans ist arbeitslos. Er bekommt Geld vom _____.

f) Heinz hat selbst gekündigt. Ich glaube, das war ein _____.

g) Das macht jeder. Das ist ganz _____.

h) Vorher hatte Karin lange Haare. Jetzt hat sie eine kurze _____.

i) Klaus kommt nie zu spät. Er ist immer _____.

j) Eine Irokesenfrisur, das ist doch nicht normal, das ist _____.

k) Heinz war ein guter Angestellter. Sein Arbeitgeber war mit ihm _____.

l) Heinz hat nicht recht. Er kann vom Arbeitsamt kein Geld _____.

14

m) Junge Leute wollen anders leben. Man soll sie nicht immer _____.

n) Du sagst, Heinz will keine Stelle. Das stimmt nicht. Er will _____ arbeiten.

o) Heinz hat gekündigt, denn seine Kollegen haben ihn immer _____.

p) Die neue Kollegin ist ruhig, nett und freundlich. Sie ist wirklich _____.

28. Ergänzen Sie ‚welch-?‘ und ‚dies-‘. `B3 GR`

a) ○ Welcher _____ Rock ist teurer? □ Dieser _____ rote hier.

○ _____ Hose ist teurer? □ _____ braune hier.

○ _____ Kleid ist teurer? □ _____ gelbe hier.

○ _____ Strümpfe sind teurer? □ _____ blauen hier.

b) ○ _____ Anzug nimmst du? □ _____ schwarzen hier.

○ _____ Bluse nimmst du? □ _____ weiße hier.

○ _____ Hemd nimmst du? □ _____ blaue hier.

○ _____ Schuhe nimmst du? □ _____ braunen hier.

c) ○ Zu _____ Rock paßt die Bluse? □ Zu _____ roten hier.

○ Zu _____ Hose paßt das Hemd? □ Zu _____ weißen hier.

○ Zu _____ Kleid paßt der Mantel? □ Zu _____ braunen hier.

○ Zu _____ Schuhen paßt die Hose? □ Zu _____ schwarzen hier.

29. ‚Jeder‘, ‚alle‘, ‚manche‘? Ergänzen Sie. `B3 GR`

a) ○ Wie finden Sie die Entscheidung des Arbeitsamtes?

□ Richtig! _____ Punks sind doch gleich! Die wollen doch nicht arbeiten. Das weiß doch jeder.

○ Aber _____ suchen doch Arbeit. Heinz Kuhlmann zum Beispiel.

□ Das glaube ich nicht.

b) ○ Finden Sie _____ Punk unsympathisch?

□ Nein. Eigentlich finde ich _____ Leute nett, auch Punks. Nur _____ mag ich nicht.

c) ○ Hat das Arbeitsamt recht?

□ Nein, das Arbeitsamt muß _____ Arbeitslosen die gleichen Chancen geben, auch _____ arbeitslosen Punk.

d) ○ Gefallen Ihnen Punks?

□ Ich finde sie eigentlich ganz lustig, aber nicht _____ sind gleich. Viele tragen tolle Kleidung, nur _____ finde ich häßlich.

30. Ihre Grammatik: Ergänzen Sie. Vergleichen Sie den definiten Artikel mit den anderen Artikelwörtern. `B3 GR`

	mask. Singular		fem. Singular		neutr. Singular		Plural		
Nominativ	der	jeder	die	jede	das	jedes	die	alle	manche
Akkusativ	den		die		das		die		
Dativ	dem		der		dem		den		

15

Lektion 1

31. Was können Sie auch sagen?

a) *Das finde ich auch.*
　Ⓐ Das ist gut.
　Ⓑ Das gefällt mir auch.
　Ⓒ Das meine ich auch.

b) *Das macht doch nichts.*
　Ⓐ Das ist doch egal.
　Ⓑ Das macht man nicht.
　Ⓒ Das ist doch kein Problem.

c) *Das ist falsch.*
　Ⓐ Das ist nicht wahr.
　Ⓑ Das ist nicht richtig.
　Ⓒ Das weiß ich nicht.

d) *Da haben Sie recht.*
　Ⓐ Da bin ich Ihrer Meinung.
　Ⓑ Da haben Sie eine Chance.
　Ⓒ Das finde ich auch.

e) *Das stimmt, aber...*
　Ⓐ Sicher, aber...
　Ⓑ Nein, aber...
　Ⓒ Richtig, aber...

f) *Das stimmt.*
　Ⓐ Einverstanden.
　Ⓑ Das ist richtig.
　Ⓒ Meinetwegen.

g) *Das glaube ich nicht.*
　Ⓐ Das sieht nicht gut aus.
　Ⓑ Da bin ich anderer Meinung.
　Ⓒ Da bin ich sicher.

h) *Sind Sie sicher?*
　Ⓐ Sind Sie richtig?
　Ⓑ Haben Sie recht?
　Ⓒ Wissen Sie das genau?

i) *Meinetwegen.*
　Ⓐ Das weiß ich genau.
　Ⓑ Das können Sie mir glauben.
　Ⓒ Das ist mir egal.

j) *Da bin ich anderer Meinung.*
　Ⓐ Das weiß ich genau.
　Ⓑ Das ist mir egal.
　Ⓒ Das glaube ich nicht.

32. Was paßt wo?

Da bin ich anderer Meinung.　Sicher, aber...　Das stimmt.　Das glaube ich auch. Richtig, aber...　　Das ist falsch.　　Das stimmt nicht.　　Das ist auch meine Meinung.　Das ist wahr, aber...　Das ist Unsinn.　Das glaube ich nicht. Da hast du recht.　　Das finde ich auch.　　Da hast du recht, aber... Das finde ich nicht.　Das ist richtig.

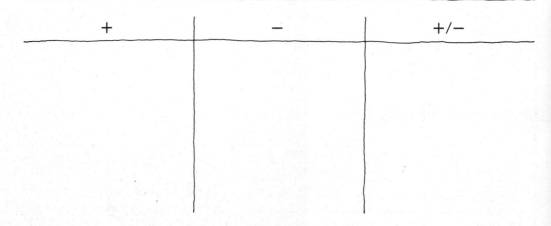

+	−	+/−

16

Der längste Mann der Welt

Muhammad Alam Channa ist zwei Meter und 51 Zentimeter groß. Aber der große Mann aus einem pakistanischen Bergdorf ist nicht glücklich, er möchte lieber kleiner sein.

Der zehn Jahre alte Muhammad aus dem Bergdorf Schwan, rund 300 km nördlich von Karatschi, der größten Stadt in Pakistan, war ein ganz normaler Junge. Aber dann wurde er plötzlich immer größer, und schließlich war er der größte Mann der Welt: 2,51 m! Das hat ihn berühmt gemacht, sein Name steht im Guinness Buch der Weltrekorde.

Aber Muhammad Alam Channa, von Beruf Aufseher in der Moschee seines Dorfes, möchte lieber kleiner sein, denn das Leben als größter Mann der Welt ist nicht leicht. Er ist 200 kg schwer und braucht Essen für drei Personen. Die fertigen Kleider aus Textil-Geschäften passen ihm nicht, er braucht Spezialkleidung. Die Zimmer in normalen Häusern und Wohnungen sind für ihn nicht hoch genug. Herr Channa muß sich immer klein machen und kann nicht normal gehen. Auch die normalen Betten sind für ihn zu klein; er schläft deshalb in zwei Doppelbetten, die zusammenstehen. Einmal in einem normalen Auto zu fahren bleibt für ihn ein Traum – kein Personenwagen paßt für seine Größe, er kann nur in Lastwagen und Bussen fahren. Und auf der Straße geht er auch nicht gerne spazieren, denn viele Leute bleiben stehen und schauen ihn an oder wollen ihn sogar anfassen. Das alles macht sein Leben schwierig. Deshalb hat Herr Channa nur einen Wunsch: er möchte so klein sein wie alle anderen Leute und so wie alle anderen Leute leben.

Die Schweizer
Fernfahrerin
Irène Liggenstorfer

*Warum findet eine Frau
diesen Job interessant?
freundin wollte das
wissen und ist deshalb
mitgefahren, von Bern
nach Turin.*

Diese Frau fährt einen 20-Tonner

Als wir in Bern in ihren Lkw steigen, denke ich: Sie könnte gerade auf dem Weg ins Büro sein, mit ihrem blauen Jeansrock und der hellen Bluse. Aber die 26jährige Schweizerin Irène Liggenstorfer hat einen ganz anderen Job: Zwei- bis dreimal pro Woche fährt sie einen schweren Laster mit Anhänger und 20 Tonnen Ladung von der Bundesrepublik über den großen Sankt Bernhard nach Italien.

Eigentlich ist Irène Krankenschwester von Beruf. Sie arbeitete als Gemeindeschwester, aber sie hörte damit auf, als sie ihren Mann kennenlernte. Er war Fernfahrer und brachte Industriegüter von der Schweiz nach Teheran. Irène fuhr drei Jahre lang als Beifahrerin mit – ohne Gehalt, aus Spaß. Eine sehr anstrengende Arbeit, aber gerade das hat ihr so gut gefallen, daß sie selbst den Lkw-Führerschein machte. Jetzt fährt sie

Links oben: Irene trennt Anhänger und Lastwagen. Meistens kann Irène das alleine. Wenn es zu schwer ist, helfen ihr die Kollegen.

Rechts oben: Hinten unter dem Wagen hat Irène eine Miniküche: einen kleinen Gaskocher, Kaffee, einige Lebensmittel. Damit kann sie schnell etwas kochen.

Rechts: Irène legt den Fahrtenschreiber ein. Er schreibt automatisch Fahrzeit und Pausen auf. Die Polizei kontrolliert die Fahrtenschreiber, denn Lastwagenfahrer dürfen nur acht Stunden am Tag fahren und müssen auch Pausen machen.

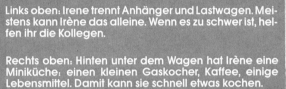

ihren eigenen Lkw – in der gleichen Firma wie ihr Mann. Gegen ein Uhr mittags fahren wir los. Wir müssen schnell machen, denn Irène möchte noch am gleichen Tag in Turin sein. Der Motor ist so laut, daß mir schon nach einer Stunde die Ohren brummen. Irène findet das nicht schlimm. Der Lkw, ein Volvo, ist eben ziemlich alt, Baujahr '75. Der Motor hat schon fast 500 000 Kilometer drauf. Aber sie liebt gerade dieses alte Auto. „Das ist noch ein echter Lkw", meint sie. In einer Raststätte essen wir schnell zu Mittag. Danach fahren wir weiter durch die Alpen. „Im Winter ist diese Strecke sehr gefährlich", meint Irène. Bei Schnee muß sie Schneeketten montieren. Eine Kette ist 20 Kilo schwer.

Allein kann sie das nicht immer. „Einmal hat mir ein Kollege bei minus 20 Grad geholfen. Wir haben beide geweint, so kalt war es. Erst nach einer halben Stunde hatten wir mit blutenden Händen die Ketten dran." Aber heute ist schönes Wetter, und alles klappt ausgezeichnet. Nach vier Stunden Fahrt muß Irène eine Pause machen, das ist Gesetz. Wenn sie nur etwas länger als vier Stunden fährt und die Polizei sie kontrolliert, muß sie eine Strafe bezahlen. Da hilft keine Entschuldigung, auch dann nicht, wenn sie auf der Autobahn in einen Stau kommt und deshalb nicht zum nächsten Parkplatz weiterfahren kann. „In der Bundesrepublik und in Italien gelten noch

dazu ganz andere Pausengesetze als in der Schweiz. Richte ich mich nach dem Schweizer Gesetz, werde ich dort bestraft. Ich komme dauernd mit diesen Gesetzen in Konflikt", sagt Irène. Lkw-Fahren ist keine leichte Arbeit. Irènes Lkw hat 16 Gänge, dauernd muß sie schalten. In den Städten kostet Lkw-Fahren sehr viel Konzentration und Nerven. Das merke ich besonders, als wir in Turin ankommen und Irène den breiten Laster durch die engen Straßen der Altstadt fahren muß. Manchmal habe ich Angst, daß ein Unfall passiert oder daß wir nicht mehr vor und zurück fahren können. Aber Irène lacht dann nur, für sie ist das alltägliche Arbeit. Sie ist eben ein echter Profi.

FRAGEBOGEN

Hans Eberhard Piepho
Hochschullehrer

Dieser Fragebogen war früher ein beliebtes Gesellschaftsspiel, ein Test für Geist und Witz. Wir spielen es weiter.

geb. 15. 2. 1929
an einem sehr kalten
Tag gegen 7 Uhr
morgens in Hannover –
Vater Friedrich
genannt Fritz,
Bankangestellter;
Mutter Elisabeth
(Elli) –
Schule 1935 – 49,
Pädagogische Hoch-
schule, Universität;
Lehrer (sehr gern),
Assistent Hochschule
(auch gern),
Schulleiter (weniger
gern),
Professor (?)

Was ist für Sie das größte Unglück?
mich im Spiegel sehen

Wo möchten Sie leben?
in Mexiko (egal wo)

Was ist für Sie das größte Glück?
ein Manuskript termingerecht abliefern

Welche Fehler entschuldigen Sie am leichtesten?
schlechtes Gedächtnis

Welche Eigenschaften muß eine Frau haben?
sie muß mich mögen

Welche Eigenschaften muß ein Mann haben?
er muß mich ertragen können

Ihre Lieblingsfarbe?
blau

Ihr Lieblingstier?
schwarzweiße Katzen

Was möchten Sie gern (von Beruf) sein?
Schäfer

Ihre Lieblingsnamen?
Ute und Uwe

Was mögen Sie nicht?
Quark, Brahms und Wagner

Ihr Lieblingsspiel?
Geschichten über mich selbst erzählen

Wer sind Ihre Heldinnen und Helden?
habe ich nicht

Was macht Ihnen Angst?
große Hunde und Glatteis

Ihr Lieblingsessen?
Nudelauflauf (meiner Frau)

Was ist Ihr größter Fehler?
meine zügellose Fantasie

Wer möchten Sie gern sein?
meine Tochter

Ihre wichtigste Charaktereigenschaft?
Improvisationsvermögen

Lektion 2

1. Ergänzen Sie.

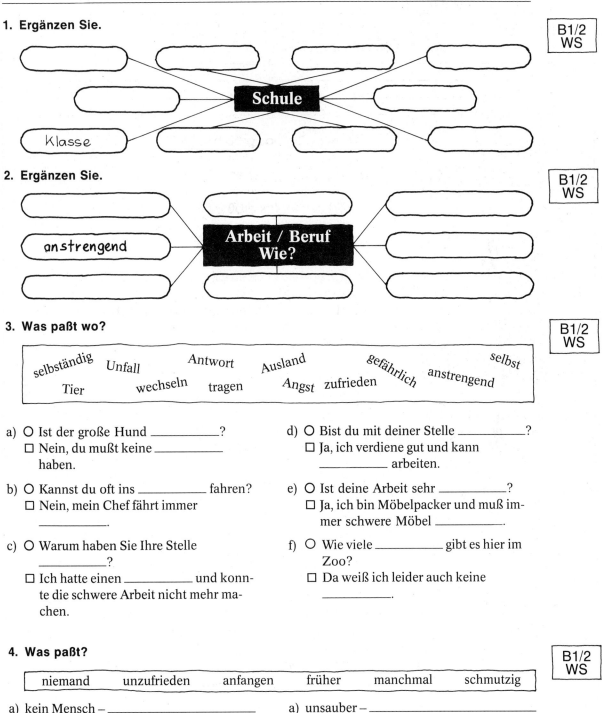

Schule

Klasse

2. Ergänzen Sie.

anstrengend

**Arbeit / Beruf
Wie?**

3. Was paßt wo?

| selbständig | Unfall | Antwort | Ausland | gefährlich | anstrengend | selbst |
| Tier | wechseln | tragen | Angst | zufrieden | | |

a) ○ Ist der große Hund _____?
   □ Nein, du mußt keine _____
   haben.

b) ○ Kannst du oft ins _____ fahren?
   □ Nein, mein Chef fährt immer
   _____.

c) ○ Warum haben Sie Ihre Stelle
   _____?
   □ Ich hatte einen _____ und konnte die schwere Arbeit nicht mehr machen.

d) ○ Bist du mit deiner Stelle _____?
   □ Ja, ich verdiene gut und kann
   _____ arbeiten.

e) ○ Ist deine Arbeit sehr _____?
   □ Ja, ich bin Möbelpacker und muß immer schwere Möbel _____.

f) ○ Wie viele _____ gibt es hier im
   Zoo?
   □ Da weiß ich leider auch keine
   _____.

4. Was paßt?

| niemand | unzufrieden | anfangen | früher | manchmal | schmutzig |

a) kein Mensch – _____
b) nicht immer – _____
c) vor vielen Jahren – _____

a) unsauber – _____
b) beginnen – _____
c) nicht zufrieden – _____

21

Lektion 2

5. Was paßt?

| Klasse | Sprache | Angst | Schüler | studieren | Freizeit | besuchen | Schule |

a) Morgen bekommt Manfred sein Zeugnis. Er kann nicht schlafen, weil er _____ hat.
b) Herbert geht zur Schule. Er ist _____.
c) Inge ist Dolmetscherin. Sie spricht sechs _____.
d) Kann man an der Hamburger Universität Geographie _____?
e) Angela ist fünf Jahre alt. Nächstes Jahr muß sie zur _____ gehen.
f) Muß jedes Kind die Grundschule _____?
g) 48 Schüler – das ist eine große _____.
h) Herr Bauer arbeitet sehr viel. Er hat nur wenig _____.

6. Schreiben Sie.

a) Stefan kann nicht Elektriker werden, weil . . . (keine Lehrstelle finden)

    weil er keine Lehrstelle   findet.
    weil er keine Lehrstelle finden   kann.
    weil er keine Lehrstelle gefunden   hat.

Ebenso:

b) Michael kann nicht studieren, weil . . . (nur die Hauptschule besuchen)
c) Ruth kann ihre Stelle nicht wechseln, weil . . . (keine neue bekommen)
d) Uwe hat seine Stelle verloren, weil . . . (nicht selbständig arbeiten)
e) Kurt ist nicht zufrieden, weil . . . (nur wenig Geld verdienen)

Ihre Grammatik: Ergänzen Sie.

		Inversionssign.	Subjekt	Verb	Subjekt	unbetonte obligator. Ergänzung	Angabe	obligatorische Ergänzung	Verb
a	weil		Stefan	kann			nicht	Elektriker	werden,
b									
c									
d									

7. Sie können es auch anders sagen.

B1/2
GR

so   oder   so

a) Thomas möchte nicht mehr zur Schule   *Thomas möchte nicht mehr zur Schule gehen,*
   gehen, denn er hat keine Lust mehr.   *weil er keine Lust mehr hat.*
b) Jens findet seine Stelle nicht gut, weil er   *Jens findet seine Stelle nicht gut,*
   zu wenig Freizeit hat.   *denn ...*
c) Herr Köster kann nächste Woche nicht arbeiten, denn er hatte gestern einen Unfall.
d) Manfred soll noch ein Jahr zur Schule gehen, denn er hat keine Stelle gefunden.
e) Christophs neue Stelle ist besser, weil er jetzt selbständiger arbeiten kann.
f) Kerstin kann nicht studieren, denn sie hat nur die Hauptschule besucht.
g) Andrea möchte kein Abitur machen, weil Studenten auch nur schwer eine Stelle finden.
h) Cornelia hat doch noch das Abitur gemacht, denn sie konnte keine Lehrstelle finden.
i) Simon mag seinen Beruf nicht, weil er eigentlich Automechaniker werden wollte.
j) Herr Bender möchte einen anderen Beruf, denn er hat nur wenig Zeit für seine Familie.

8. Sie können es auch anders sagen. Schreiben Sie.

B1/2
GR

so   oder   so

a) Manfred will nicht mehr zur Schule   *Manfred soll den Realschulabschluß machen,*
   gehen. Trotzdem soll er den Realschulab-   *obwohl er nicht mehr zur Schule gehen*
   schluß machen.   *will.*
b) Andrea will kein Abitur machen,   *Andrea findet keine Lehrstelle.*
   obwohl sie keine Lehrstelle findet.   *Trotzdem ...*
c) Frau Arndt muß samstags arbeiten. Trotzdem findet sie ihre Arbeit schön.
d) Jens will Englisch lernen, obwohl er schon Französisch und Spanisch kann.
e) Eva soll Lehrerin werden. Trotzdem ist sie Krankenschwester geworden.
f) Frau Herbart kann bei einer anderen Stelle mehr Geld verdienen. Trotzdem möchte sie ihren
   Arbeitsplatz nicht wechseln.
g) Christine findet keine Stelle als Sekretärin, obwohl sie zwei Sprachen spricht.
h) Bernhard hat das Abitur gemacht. Trotzdem möchte er lieber einen Beruf lernen.
i) Doris möchte keinen anderen Beruf, obwohl sie sehr schlechte Arbeitszeiten hat.
j) Max hatte eigentlich keine Lust. Trotzdem mußte er Automechaniker werden.

9. Bilden Sie Sätze.

B1/2
GR

a) Kurt – eine andere Stelle suchen – weil – mehr Geld verdienen wollen
   Kurt sucht eine andere Stelle, weil er mehr Geld verdienen will.
   Weil Kurt mehr Geld verdienen will, sucht er eine andere Stelle.
   Ebenso:
b) Herr Bauer – unzufrieden sein – weil – anstrengende Arbeit haben
c) Eva – zufrieden sein – obwohl – wenig Freizeit haben
d) Hans – nicht studieren können – wenn – schlechtes Zeugnis bekommen
e) Herbert – arbeitslos sein – weil – Unfall haben (hatte)
f) Ich – die Stelle nehmen – wenn – nicht nachts arbeiten müssen

Lektion 2

B1/2
GR

10. Geben Sie einen Rat.

Wolfgang hat gerade seinen Realschulab-schluß gemacht. Er weiß noch nicht, was er jetzt machen soll. Geben Sie ihm einen Rat.

a) Bankkaufmann werden – jetzt schnell eine Lehrstelle suchen

Wenn du Bankkaufmann werden willst, dann mußt du jetzt schnell eine Stelle suchen.

dann such jetzt schnell eine Stelle.

Ebenso:

b) studieren – aufs Gymnasium gehen
c) sofort Geld verdienen – die Stellenanzeigen in der Zeitung lesen
d) nicht mehr zur Schule gehen – einen Beruf lernen
e) keine Lehrstelle finden – weiter zur Schule gehen
f) später zur Fachhochschule gehen – jetzt zur Fachoberschule gehen
g) einen Beruf lernen – die Leute beim Arbeitsamt fragen

B1/2
BD

11. ‚Wenn‘, ‚weil‘ oder ‚obwohl‘? Ergänzen Sie.

Helga ist Sekretärin. Abends geht sie noch zur Schule. Sie lernt Englisch und Französisch.

○ Willst du deine Stelle wechseln, _____ du mit der Schule fertig bist?

□ Ich glaube ja, _____ ich jetzt ganz gut verdiene.

○ Und was machst du, _____ du keine findest?

□ Ach, das ist nicht so schwer, _____ ich jetzt zwei Sprachen kann.

○ Hat eine Sekretärin wirklich bessere Berufschancen, _____ sie Englisch und Französisch kann?

□ Ich bin nicht sicher, _____ ich ja noch nicht gesucht habe. Aber ich bin auch nicht traurig, _____ ich keine andere Stelle finde.

○ Es ist dir egal, _____ du nichts Besseres findest, _____ du zwei Jahre die Abendschule besucht hast?

□ Warum? Es ist doch immer gut, _____ man Sprachen kann.

24

12. Was können Sie auch sagen?

B1/2
BD

a) *Ich bin oft im Ausland.*
- Ⓐ Ich bin wenig zu Hause.
- Ⓑ Ich reise viel in andere Länder.
- Ⓒ Ich spreche viele Sprachen.

b) *Der Arbeitgeber verlangt von mir ein gutes Zeugnis.*
- Ⓐ Ich kann die Stelle nur bekommen, wenn ich ein gutes Zeugnis habe.
- Ⓑ Der Arbeitgeber gibt mir ein gutes Zeugnis.
- Ⓒ Ich muß ein großes Zeugnis haben.

c) *Gaby möchte eine andere Stelle.*
- Ⓐ Gaby findet ihre Stelle anstrengend.
- Ⓑ Gaby findet eine bessere Stelle.
- Ⓒ Gaby sucht eine neue Stelle.

d) *Ich spreche drei Sprachen.*
- Ⓐ Ich kenne drei Sprachen.
- Ⓑ Ich kann drei Sprachen.
- Ⓒ Ich verstehe drei Sprachen.

e) *Ralf ist um 5 Uhr mit der Arbeit fertig.*
- Ⓐ Ralf ist um 5 Uhr kaputt.
- Ⓑ Ralf arbeitet bis 5 Uhr.
- Ⓒ Ralf arbeitet 5 Stunden. Dann ist er fertig.

f) *Ich wollte eigentlich Lehrerin werden.*
- Ⓐ Ich wollte Lehrerin werden, aber jetzt habe ich einen anderen Beruf.
- Ⓑ Ich bin gerne Lehrerin.
- Ⓒ Ich wollte selbst Lehrerin werden.

g) *Diese Arbeit muß ich selbst machen.*
- Ⓐ Ich muß selbständig arbeiten.
- Ⓑ Diese Arbeit kann ich nur machen.
- Ⓒ Diese Arbeit kann niemand machen.

h) *Kurt möchte seine Stelle wechseln.*
- Ⓐ Kurt hat keine Stelle.
- Ⓑ Kurt möchte einen anderen Beruf lernen.
- Ⓒ Kurt möchte eine andere Stelle haben.

13. Schreiben Sie eine kleine Zusammenfassung für den Text auf S. 28 im Kursbuch.

B1/2
SA

Andrea ist ... und möchte ...
Sie sucht ...
35 Bewerbungen ...
Trotzdem ..., weil ...

Aber sie ..., denn ...
Andrea möchte noch ...
Wenn sie ..., dann ...

16 Jahre, Krankenschwester
Lehrstelle
schreiben
keine Lehrstelle, Zeugnis
nicht gut genug
nicht studieren wollen, keinen Zweck
sechs Monate warten
nichts finden, zur Schule gehen

14. Schreiben Sie.

B3
GR

a) ○ Welches Datum haben wir heute?
- ☐ (12. Mai)
  Heute ist der zwölfte Mai.
- ☐ (28. Februar)
  _____
- ☐ (1. April)
  _____
- ☐ (3. August)
  _____

b) ○ Ist heute der fünfte September?
- ☐ (3. September)
  Nein, wir haben erst den dritten.
- (4. September)
  ☐ _____
- (7. September)
  ☐ _____
- (8. September)
  ☐ _____

Lektion 2

c) ○ Wann sind Sie geboren?
    □ (7. April 1962)
    <u>Am siebten April 1962.</u>
    □ (Sie?)
    _____
    □ (Ihr Vater?)
    _____
    □ (Ihre Mutter?)
    _____

d) ○ Wann war Carola in Spanien?
    □ (4. August–10. September)
    <u>Vom vierten August bis zum zehnten Septemb</u>
    (23. Januar–15. März)
    □ _____
    (14. Februar–1. Juli)
    □ _____
    (7. April–2. Mai)
    □ _____

B3 GR

15. Wo steht das Subjekt? Ergänzen Sie.

a) Armin hat viel Freizeit. Trotzdem ___—___ ist _er_ unzufrieden.
b) Brigitte verdient gut. Aber _sie_ ist ___—___ unzufrieden.
   Ebenso:
c) Dieter lernt sehr viel. Trotzdem _____ hat _____ ein schlechtes Zeugnis.
d) Inge spricht sehr gut Englisch. Denn _____ war _____ 2 Jahre in Birmingham.
e) Waltraud mag Tiere. Deshalb _____ will _____ Tierärztin werden.
f) Klaus will Politiker werden. Dann _____ ist _____ oft im Fernsehen.
g) Renate ist in der zwölften Klasse. Also _____ macht _____ nächstes Jahr Abitur.
h) Paul hat einen anstrengenden Beruf. Aber _____ verdient _____ viel Geld.
i) Petra geht doch weiter zur Schule. Denn _____ hat _____ keine Lehrstelle gefunden.
j) Simon hat gestern sein Zeugnis bekommen. Aber _____ ist _____ nicht sehr gut.
k) Utas Vater ist Lehrer. Deshalb _____ wird _____ auch Lehrerin.
l) Klaus hat morgen Geburtstag. Dann _____ ist _____ 21 Jahre alt.

B3 BD

16. ‚Doch' hat verschiedene Bedeutungen.

a) Warum willst du deine Stelle wechseln? Du verdienst *doch* sehr gut.
   (Jemand sagt oder tut etwas, was man nicht versteht oder falsch findet.)
b) Geh *doch* noch ein Jahr zur Schule und mach den Realschulabschluß.
   Warten Sie *doch* noch fünf Minuten! *(starker Wunsch oder höfliche Bitte)*
c) Nach zwei Monaten hat sie *doch* noch eine Lehrstelle gefunden.
   (Etwas ist passiert, was man nicht erwartet hat.)
d) Rolf ist *doch* Automechaniker. Wie findet er den Beruf?
   (Mit dem Wort ‚doch' sagt man einem Gesprächspartner: „Ich habe eine Information über eine Person oder Sache, und ich bin sicher, du hast sie auch. Diese Information ist wichtig für meine Frage oder Bitte".)
   Welche Bedeutung (a, b, c oder d) hat ‚doch' in den folgenden Sätzen?

	1	2	3	4	5	6	7	8	9	10	11	12
a												
b												
c												
d												

1. Du kannst doch Französisch. Was heißt ‚Auto‘ auf französisch?
2. Du möchtest Automechaniker werden? Aber deine Eltern wollen das doch nicht. Du sollst doch Bürokaufmann werden.
3. Jens wollte eigentlich sofort Geld verdienen, aber dann hat er doch einen Beruf gelernt.
4. Komm doch morgen! Dann habe ich mehr Zeit.
5. Du willst den Mann als Babysitter? Das geht doch nicht, das kann der doch nicht.
6. Studier doch nicht! Lern doch lieber einen Beruf!
7. Du suchst doch eine neue Stelle. Hast du schon eine?
8. Den blauen Rock und die grüne Bluse willst du nehmen? Das paßt doch nicht. Das sieht doch häßlich aus.
9. Jürgen ist doch nicht lange arbeitslos gewesen. Er hat doch noch eine Stelle gefunden.
10. Wir wollten gestern mit Petra und Wolfgang ins Kino gehen. Doch sie konnten nicht kommen, weil ihr Auto kaputt war.
11. Du gehst doch einkaufen. Bring mir bitte Zigaretten mit!
12. Bleib doch bei deiner alten Stelle! Das ist bestimmt besser.

17. In Fragesätzen hat ‚denn‘ zwei wichtige Bedeutungen.

B3
BD

a) ○ Punks wollen nicht arbeiten.
    □ Wie können Sie das *denn* wissen? Kennen Sie *denn* welche?
    (Vorwurf: Jemand tut oder sagt etwas, was man nicht gut findet.)

b) ○ Ist das *denn* ein sicherer Arbeitsplatz?
    □ Ich glaube ja.
    (Man möchte die Antwort sehr gerne wissen. Höfliche Frage.)

Welche Bedeutung (a oder b) hat ‚denn‘ in den folgenden Sätzen?

	1	2	3	4	5	6
a						
b						

1. ○ Hör mal. Da ist ein junger Mann arbeitslos und bekommt kein Geld vom Arbeitsamt.
    □ Warum das denn? Jeder Arbeitslose bekommt doch Geld.
2. ○ Warum hast du denn gekündigt? Das war bestimmt ein Fehler.
    □ Das ist doch meine Sache.
3. ○ Warum hast du denn nicht angerufen? Ich habe sehr lange gewartet.
    □ Tut mir leid, aber ich hatte keine Zeit.
4. ○ Wie sind denn die Angebote?
    □ Na ja, es geht.
5. ○ Ich möchte Elektriker werden.
    □ Hast du denn schon eine Lehrstelle?
6. ○ Sind Sie denn immer noch nicht fertig?
    □ Nein, leider noch nicht. Ich muß noch eine andere Arbeit machen.

Lektion 2

B3 BD

18. Was paßt wo?

Sonst	Trotzdem	Denn	Aber	Dann	Deshalb

a) Klaus ist sehr unfreundlich. _____ hat er wenig Freunde.

b) Du mußt zuerst das Abitur machen. _____ kannst du nicht studieren.

c) Manfred soll noch weiter zur Schule gehen. _____ er hat keine Lust.

d) Gabi kann sehr schnell laufen. _____ hat sie Note 1 in Sport.

e) Als Lehrer hat man viel Freizeit. _____ ist der Beruf sehr anstrengend.

f) Wenn man nachts arbeitet, _____ muß man am Tag schlafen.

g) Ich kann die Stelle nicht nehmen, _____ ich habe kein Auto, und der Bus braucht für die Fahrt zwei Stunden.

h) Meine Kollegin ist nicht sehr fleißig. _____ muß ich die meiste Arbeit selbst machen.

i) Such dir lieber einen sicheren Arbeitsplatz. _____ bist du nächstes Jahr wieder arbeitslos.

j) Du hast morgen eine Prüfung. _____ geh lieber früh ins Bett.

k) Zuerst mußt du einen Beruf lernen. _____ kannst du immer noch studieren.

l) Heinz Kuhlmann will doch bestimmt gar nicht arbeiten. Ich glaube, das sagt er nur. _____ bekommt er doch kein Geld vom Arbeitsamt.

m) Jürgen muß morgens lange zur Arbeit fahren. _____ muß er immer früh aufstehen.

n) Frau Cordes braucht unbedingt eine Arbeit. _____ hat sie gekündigt.

o) Schüler in der Bundesrepublik müssen das Abitur machen. _____ können sie nicht studieren.

p) Udo ist jetzt schon sechs Jahre bei seiner Firma. _____ er darf trotzdem nicht selbständig arbeiten.

B3 BD

19. Was paßt zusammen?

A	Ich heiße Bauer.	1	Ja, ich bekomme ein ausgezeichnetes Gehalt.
B	Hast du einen sicheren Arbeitsplatz?	2	Ich finde ihn nicht besonders nett.
C	Wie hast du die neue Stelle gefunden?	3	Und wie ist Ihr Vorname?
D	Wie ist dein Chef?	4	Ja, ich bin selten vor 20 Uhr zu Hause.
E	Bekommst du die Stelle bei Karcher?	5	Oh ja, die Firma ist sehr gesund.
F	Fährst du mit dem Auto zur Arbeit?	6	Ich glaube ja; sie suchen dringend eine Sekretärin.
G	Verdienst du gut?	7	Nein, ich gehe zu Fuß. Der Weg ist nicht so weit.
H	Mußt du lange arbeiten?	8	Ich habe eine Anzeige in der Zeitung gelesen.

A	B	C	D	E	F	G	H

20. Schreiben Sie einen Dialog.

Hast du das deinem Chef denn schon mal gesagt?

Und was machst du? Nimmst du die Stelle?

Die Arbeit ist mir zu langweilig. Nie darf ich selbständig arbeiten.

~~Sag mal Petra, du willst kündigen? Warum das denn?~~

Ja, ein sehr interessantes Angebot bei einer Elektrofirma. Ich kann dort selbständig arbeiten und verdiene auch ganz gut.

Hast du denn schon eine neue Stelle?

Das ist doch nicht schlimm. Ich muß auch immer um 6 Uhr aufstehen.

Ich weiß noch nicht, denn die Firma liegt in Offenbach. Ich muß ziemlich weit fahren, also morgens sehr früh aufstehen.

Nein, das hat doch keinen Zweck. Der macht lieber alles allein. Ich darf immer nur Briefe schreiben.

○ _Sag mal Petra, du willst kündigen? Warum das denn?_ _____

☐ _____

○ _____

☐ ....

FAMILIENALBUM

Von Erich Rauschenbach

Für kleine Kinder ist die Arbeitswelt noch in Ordnung: „Wenn ich groß bin, will ich Zirkusdirektor werden – oder Rennfahrer, oder Astronaut…" Zehn Jahre später heißen die Traumberufe dann: „Automechaniker", „Kaufmann" und „Friseuse". Doch der Berufswunsch allein genügt nicht. Es muß auch genug Stellen geben: Mehr als 660 000 Jugendliche suchten 1982 in der Bundesrepublik Deutschland einen Ausbildungs- oder Arbeitsplatz. Im Oktober waren 180 000 von ihnen arbeitslos. Nicht nur die Wirtschaftskrise macht ihnen das Leben schwer. Manche machen es sich auch selbst schwer. Viele Jugendliche wollen nur ihren ganz bestimmten „Traumberuf". Sie sehen im Fernsehen oft eine schöne Traumwelt: jeder Wunsch wird wahr. Doch so kann es im Alltag nicht sein. Die harte Wirklichkeit zerstört meistens den schönen Traum vom Traumberuf. Von hundert Bewerbern fanden dieses Jahr nur 31 eine Lehrstelle in ihrem Wunschberuf; fünf von hundert bekamen überhaupt keine Lehrstelle.

Doch das war schon immer so. Heute ist es nur noch etwas schwerer: Zu viele Jugendliche suchen eine Lehrstelle. Die Wirtschaft muß erst wieder in Gang kommen, und dann gibt es auch mehr Arbeitsplätze.
Aber manche haben sogar eine Lehrstelle und hören dann doch wieder auf: Der erste Schritt ins Berufsleben bringt leider oft „die große Frustration".
Die Jugendscala hat junge Berufsanfänger gefragt. Einige resignieren („Da kann man halt nichts machen"), andere werden wütend („Man wird nur ausgenutzt"). Viele träumen weiter („Ich mache irgendwas Alternatives" – „Das Geld leihe ich mir irgendwo"). Aber nur wenige wissen wirklich, was sie wollen.
Der wichtigste Tip ist also: Erst mal „auf dem Teppich bleiben" und die eigenen Chancen richtig beurteilen. Und dann: informieren, lesen, fragen, herumhören, viel mit anderen Leuten reden, mit Menschen im Berufsleben sprechen. Oft bringt das Erfolg. Auf jeden Fall aber ist es besser als nur zu warten und zu resignieren.

TRAUMBERUF UND WIRKLICHKEIT

Die Arbeitslosigkeit macht die Berufswahl schwer. Viele Jugendliche sind ratlos, weil sie keinen Ausbildungsplatz finden, der ihnen gefällt.

Gisela Graupner (17): Nach der Hauptschule habe ich eine Lehrstelle als Konditor gefunden. Aber jetzt, nach einem halben Jahr, finde ich das nicht mehr

gut. Die Arbeit ist hart und monoton. Ich muß die Schmutzarbeiten machen. Als Lehrling wird man nur ausgenutzt. Und 369 Mark im Monat finde ich viel zu wenig. Bei der harten Arbeit! Also, ich will jetzt die Lehrstelle wechseln und was anderes machen. Aber ich weiß noch nicht genau, was. Vielleicht irgendwas Alternatives. Ich weiß

noch nicht… Irgendwas ohne Streß und so…"

Horst Schuster (18): „Eigentlich wollte ich das Abitur machen. Aber mein Bruder hat auch das Abitur gemacht und dann hat er studiert. Dafür hat meine Familie schon genug Geld ausgegeben. Darum mußte ich von der Schule abgehen und eine Lehre machen. Ich wäre gerne Bankkaufmann geworden. Aber ich habe zu spät nach einem Ausbildungsplatz gesucht. Da war nichts mehr zu machen. Ich habe nur

noch eine Lehrstelle als Großhandelskaufmann gefunden. Nach der Lehre muß ich auch noch zur Bundeswehr. Das ist

nochmal verlorene Zeit. Aber da kann man nichts machen. Danach will ich vielleicht in meinem Beruf weiterarbeiten. Den Beruf zu wechseln ist schwer. Man muß froh sein, wenn man heute überhaupt noch einen Arbeitsplatz hat in diesen schweren Zeiten."

Ioannis Tzigounakis (17): „Ich komme aus Griechenland und mache jetzt in Deutschland mein Abitur. Danach möchte ich Com-

puter-Analytiker werden. Vielleicht habe ich dann weniger Probleme mit dem Computer-Leben in unserer Zukunft. Nein, verhindern kann man die Macht der Computer nicht. Es ist besser, sich schon früh anzupassen.

Computer-Berufe, das sind Berufe mit Zukunft."

Ayten Ünsalan (17): „Ich bin Türkin und komme aus Istanbul. Aber ich wohne schon lange in Frank-

furt-Höchst. Hier habe ich auch eine Lehrstelle als Arzthelferin gefunden. Das war nicht so schwer, denn hier arbeiten viele Türken. Mein Chef brauchte jemanden, der gut Türkisch und gut Deutsch kann. Nach der Lehre will ich noch ein paar Jahre in der Bundesrepublik arbeiten. Ich lerne noch Englisch und Französisch. Mit den Sprachen und mit meiner Ausbildung bekomme ich dann bestimmt eine gute Arbeitsstelle in der Türkei."

Lektion 3

B1
WS

1. Welches Wort paßt?

Nudeln	Hunger	Gewürze
Pfund	Menü	
kochen	fett	Rezepte
Rezepte	braten	Nudeln

18.00 Uhr Diätclub

Jeden Mittag ein _____ mit Suppe, Fleisch, _____ und Obst. Wie gefällt Ihnen das? Wir zeigen Ihnen gesunde _____ für Ihre Diät. Unser Tip: Wenn Sie klug kochen, können Sie gut essen und haben nie _____. Trotzdem können Sie pro Woche zwei oder drei _____ leichter werden. Fleisch muß man nicht immer _____, man kann es auch in Salzwasser _____, dann ist es nicht so _____. Auch _____ müssen nicht dick machen. Wir zeigen Ihnen auch dazu _____. Wichtig ist: Essen Sie weniger Salz; es gibt noch viele andere _____.

B1
WS

2. Bringen Sie die Wörter in eine Reihenfolge.

manchmal	sehr oft	~~nie~~
fast nie	meistens	
oft	selten	~~immer~~

immer _____

_____

_____

_____

_____

_____

nie _____

B1
WS

3. Was paßt? Ergänzen Sie.

a) Ich sehe jeden Tag fern. – Ich sehe _____ fern. (immer, regelmäßig, zwei Stunden, gern, manchmal)

b) Fernsehen interessiert mich nicht. – Ich sehe _____ fern. (meistens, nie, schlecht, oft, selten)

c) Ich sehe nur fern, wenn es einen guten Krimi gibt. – Ich sehe _____ fern. (fast immer, manchmal, gewöhnlich, meistens, selten)

d) Ich habe wenig Freizeit. – Ich kann _____ fernsehen. (gewöhnlich, oft, nicht oft, meistens, selten)

e) Ich ärgere mich meistens über das Programm. – Ich ärgere mich _____ über das Programm. (jeden Tag, sehr oft, manchmal, fast immer, selten)

f) Ich habe keinen Fernseher. Wenn ich mich für einen Film interessiere, gehe ich zu Freunden. – Ich sehe _____ fern. (oft, fast immer, manchmal, selten, regelmäßig)

4. Ergänzen Sie.

B1
GR

a) ○ Kommt ihr bitte? Wir müssen gehen.

   □ Eine halbe Stunde noch, bitte, der Film fängt gleich an. _Wir_ freuen _uns_ doch
     immer so _auf_ Lassie.

b) ○ Warum macht ihr nicht den Fernseher aus? Interessiert _____ _____ denn wirklich
     _____ Gesundheitsmagazin?

   □ Oh ja. Das ist immer sehr interessant.

c) ○ Du, ärgere _____ doch nicht _____ Film!

   □ Ach, _____ habe _____ so _____ Krimi gefreut, und jetzt ist er so schlecht.

d) ○ Warum sind Klaus und Jochen denn nicht gekommen?

   □ Sie sehen den Ski-Weltcup im Fernsehen. Ihr wißt doch, _____ interessieren _____
     sehr _____ Ski-Sport.

e) ○ Was macht Marianne?

   □ Sie sieht das Auslandsjournal. _____ interessiert _____ doch _____ Politik.

f) ○ Will dein Mann nicht mitkommen?

   □ Nein, er möchte unbedingt fernsehen. _____ freut _____ schon seit gestern _____
     Film.

g) ○ Siehst du jeden Tag die Tagesschau?

   □ Natürlich, man muß _____ doch _____ Politik interessieren.

5. Ihre Grammatik: Ergänzen Sie.

B1
GR

ich	du	Sie	er	sie	es	man	wir	ihr	sie
mich									

6. Ihre Grammatik: Ergänzen Sie.

B1
GR

	der Film	die Sendung	das Programm
Ich interessiere mich für	den Film		
Ich ärgere mich über	d		
Ich freue mich auf/ über			

7. Ihre Grammatik: Ergänzen Sie.

B1
GR

a) Bettina interessiert sich sehr für Sport.

b) Darüber haben wir uns noch nie geärgert.

c) Worauf freust du dich am meisten?

d) Besonders freue ich mich auf Kinofilme.

	Inversions-signal	Subjekt	Verb	Subjekt	unbet. obl. Ergänzung	Angabe	obligator. Ergänzung	Verb
a								
b								
c								
d								

Lektion 3

B1
BD

8. Was können Sie auch sagen?

a) *In dieser Sendung fehlt der Pfeffer.*
   Ⓐ Diese Sendung ist langweilig.
   Ⓑ Diese Sendung hat kein Gewürz.
   Ⓒ Diese Sendung schmeckt nicht.

b) *Die Nachrichten muß ich immer sehen.*
   Ⓐ Ich interessiere mich sehr für Politik
       im Fernsehen.
   Ⓑ Es gibt jeden Tag Nachrichten.
   Ⓒ Ohne Nachrichten fehlt mir etwas.

c) *Der Moderator regt mich auf.*
   Ⓐ Ich ärgere mich über den Moderator.
   Ⓑ Ich finde den Moderator dumm
       und langweilig.
   Ⓒ Der Moderator ärgert sich über mich.

d) *Diesen Film kenne ich schon.*
   Ⓐ Über diesen Film weiß ich etwas.
   Ⓑ Ich habe den Film schon gesehen.
   Ⓒ Dieser Film ist bekannt.

e) *Das Programm dauert heute bis 23.45 Uhr.*
   Ⓐ Das Programm hört heute um 23.45 Uhr
       auf.
   Ⓑ Die Sendungen sind heute um 23.45 Uhr
       zu Ende.
   Ⓒ Der Fernseher hört heute um 23.45 Uhr
       auf.

f) *Wollen wir fernsehen?*
   Ⓐ Wollen wir den Fernseher anmachen?
   Ⓑ Wollen wir den Fernsehapparat ansehen?
   Ⓒ Magst du meinen Fernseher?

B1
BD

9. Schreiben Sie einen Dialog.

Ich glaube, du willst mich ärgern. Die Nachrichten sehe ich nur manchmal und Sport auch nicht oft.

~~Was gibt es heute eigentlich im Fernsehen?~~

Na und? Ist es vielleicht ein Fehler, wenn sich ein Mann für Politik interessiert?

Das stimmt nicht! Sport siehst du fast immer und die Nachrichten auch meistens.

Jetzt ärgere dich doch nicht! Ich freue mich doch auch auf den Bogart-Film.

Ich glaube einen Film mit Humphrey Bogart.

Den muß ich unbedingt sehen!

Wirklich? Ich habe gedacht, du magst nur Sport und Politik.

○ <u>Was gibt es heute eigentlich im Fernsehen?</u> _____

☐ _____

○ _____

☐ ...

10. Ergänzen Sie.

> sich setzen   verboten   sich ausruhen   angeblich   ganz   Boden   gewöhnlich
> unterschreiben   verbieten   beantragen   stören   laufen   stehen

a) Die Geschäftsleute sind _____ gegen die Straßenmusik, aber ich glaube das nicht.

b) Es gibt zu wenig Stühle in der Fußgängerzone. Wo soll man _____ denn _____, wenn man _____ möchte.

c) Hier können Sie nicht einfach Musik machen. Das müssen Sie im Rathaus _____.

d) Ich würde mich ja auf den _____ setzen, aber der ist hier so schmutzig.

e) Nur 5 Zigaretten am Tag ist doch Unsinn. Dann sollte man besser _____ aufhören.

f) Gabriela spielt _____ zwei Stunden pro Tag, selten länger.

g) Mich _____ die Straßenmusikanten nicht. Ich mag immer Musik.

h) Warum soll ich denn den langen Weg _____, wenn ich auch den Bus nehmen kann?

i) Meine Füße tun weh. Ich mußte den ganzen Tag im Geschäft an der Kasse _____.

j) Der Vertrag ist fertig. Sie müssen nur noch _____.

k) Laute Musik ist in der Fußgängerzone _____.

l) Wenn Straßenmusik verboten ist, dann sollte man aber auch die Musik in den Geschäften

_____.

11. Sie ist nie zufrieden.

a) Sie macht jedes Jahr 8 Wochen Urlaub, aber *sie würde gern noch mehr Urlaub machen.*

b) Sie hat zwei Autos, aber *sie hätte gern...*

c) Sie ist schlank, aber *sie wäre gern...*

Ebenso:
d) Sie sieht jeden Tag vier Stunden fern, aber ...

e) Sie verdient sehr gut, aber ...

f) Sie hat drei Hunde, aber ...

g) Sie schläft jeden Tag zehn Stunden, aber ...

h) Sie sieht sehr gut aus, aber ...

i) Sie spricht vier Sprachen, aber ...

j) Sie hat viele Kleider, aber ...

k) Sie kennt viele Leute, aber ...

l) Sie fährt oft Ski, aber ...

m) Sie geht oft einkaufen, aber ...

n) Sie weiß sehr viel über Musik, aber ...

Lektion 3

B2/3
GR

12. Ihre Grammatik: Ergänzen Sie.

	ich	du	Sie	er/sie/es	man	wir	ihr	sie
Indikativ	gehe	gehst						
Konjunktiv	würde gehen	würdest gehen						
Indikativ	bin							
Konjunktiv	wäre							
Indikativ	habe							
Konjunktiv	hätte							

B2/3
GR

13. ,hat', ,hatte', ,hätte', ,ist', ,war', ,wäre' oder ,würde'? Ergänzen Sie.

Gabriela _ist_ Straßenpantomimin. Natürlich _____ sie nicht viel Geld, aber wenn sie einen anderen Beruf _____, dann _____ sie nicht mehr so frei. Früher _____ sie einen Freund. Der _____ ganz nett, aber sie _____ oft Streit. Manchmal _____ das Leben einfacher, wenn Helmut noch da _____. Im Moment _____ Gabriela keinen Freund. Deshalb _____ sie oft allein, aber trotzdem _____ sie nicht wieder mit Helmut zusammen spielen. „Wir _____ doch nur wieder Streit", sagt sie. Gestern _____ Gabriela in Hamburg gespielt. „Da _____ ein Mann zu mir gesagt: „Wenn Sie meine Tochter _____, dann _____ ich Ihnen diesen Beruf verbieten", erzählt sie. Natürlich _____ Gabrielas Eltern auch glücklicher, wenn ihre Tochter einen ,richtigen' Beruf _____. Es _____ ihnen lieber, wenn Gabriela zu Hause wohnen _____ oder einen Mann und Kinder _____. Aber Gabriela _____ schon immer ihre eigenen Ideen.

B2/3
GR

14. Geben Sie einem Freund/einer Freundin einen Rat. Schreiben Sie.

a) O Was soll ich nur machen?
   Ich bin immer so nervös.
   □ (weniger arbeiten)
      – Es wäre gut, wenn du weniger arbeiten würdest.
      – Du solltest weniger arbeiten.

Ebenso:

b) O Ich bin zu dick.
c) O Ich bin immer erkältet.
d) O Ich komme immer zu spät zur Arbeit.
e) O Mein Auto ist immer kaputt.
f) O Meine Miete ist zu teuer.
g) O Ich bin zu unsportlich.
h) O Meine Arbeit ist so langweilig.
i) O Ich habe so wenig Freunde.

□ (weniger essen)
□ (wärmere Kleidung tragen)
□ (früher aufstehen)
□ (ein neues kaufen)
□ (eine andere Wohnung suchen)
□ (jeden Tag 30 Minuten laufen)
□ (eine andere Stelle suchen)
□ (netter sein)

15. Was sollte/könnte/müßte man im Fernsehprogramm anders machen? Machen Sie Vorschläge. Sie können die folgenden Beispiele verwenden.

mit den Sendungen	später früher ...	aufhören die beginnen	Kultursendungen ...	interessanter machen lustiger machen ...
mehr weniger	Kindersendungen Sport ...	ins Programm nehmen zeigen		die guten Filme nicht so spät zeigen, nicht so viele Sendungen wiederholen
die	langweiligen ...	Krimis aus dem Programm nehmen ...		
in	den Politiksendungen ...	eine einfachere Sprache sprechen ...		

Man sollte mit den Sendungen früher anfangen.
Man müßte ...
Man könnte ...

16. Ihre Grammatik: Ergänzen Sie.

	ich	du	Sie	er sie/es	man	wir	ihr	sie
müssen	müßte							
dürfen	dürfte							
können								
sollen								

17. Ergänzen Sie ‚auf‘, ‚über‘, ‚nach‘, ‚für‘ oder ‚gegen‘ und die Artikel.

a) In der Sendung diskutieren Schüler und Lehrer _über_ _das_ Thema Schulangst.

b) Warum interessierst du dich nicht _____ _____ Film? Der ist doch wirklich gut.

c) Bruno ärgert sich immer _____ _____ Sportsendungen.

d) Die Leute freuen sich _____ _____ Pantomimenspiel von Gabriela.

e) Die Geschäftsleute in München haben sich _____ _____ Straßenmusiker beschwert.

f) Endlich hat die Stadt etwas _____ _____ Straßenmusik getan und nicht nur _____ _____ Problem diskutiert.

g) _____ _____ Lizenzregelung haben die Geschäftsleute schon lange gewartet.

h) _____ _____ Urlaub können wir nachher noch sprechen. Ich möchte jetzt lieber den Film sehen.

i) Ich finde Charly Chaplin sehr gut, aber ich kann _____ _____ Filme von ihm nicht lachen.

j) Wenn man _____ _____ Meinung der Zuschauer fragen würde, würde das Fernsehprogramm ganz anders aussehen.

k) Morgen gibt es das Gesundheitsmagazin. Ich freue mich immer _____ _____ Sendung.

Lektion 3

B2/3
GR

18. Ihre Grammatik. Ergänzen Sie.

a)
	der Film	die Musik	das Programm	die Sendungen	
über	den Film	d			sprechen
sich über					ärgern
sich für					interessieren
sich auf/ über					freuen

b)
	der Durst	die Erkältung	das Fieber	die laute Musik	
etwas gegen					tun

c)
	der Weg	die Meinung	das Buch	die Briefe	
nach					fragen

B2/3
GR

19. ‚Ihn', ‚sie', ‚es' oder ‚sich'? Ergänzen Sie.

a) Der Chef des Ordnungsamtes mag keine Straßenmusikanten. Die haben _____ schon immer geärgert.

b) Der Chef des Ordnungsamtes hat _____ schon immer über die Straßenmusikanten geärgert.

c) Frau Berger sieht selten Krimis. Die interessieren _____ nicht.

d) Frau Berger interessiert _____ nicht für Krimis.

e) Ein älterer Herr mit Bart findet das Pantomimenspiel nicht gut. Es regt _____ auf.

f) Ein älterer Herr mit Bart regt _____ über das Pantomimenspiel auf.

g) In München muß Gabriela _____ im Rathaus anmelden.

h) Wenn Eltern ein Kind bekommen, müssen sie _____ im Rathaus anmelden.

B2/3
GR

20. Ergänzen Sie.

worüber?	→ über . . .	→ darüber	worauf?	→ auf . . .	→ darauf
wofür?	→ für . . .	→ dafür	wonach?	→ nach . . .	→ danach

a) □ Was machst du denn für ein Gesicht?
_____ ärgerst du dich?
○ Ach, _____ meine schlechte Schreibmaschine. Ich muß jeden Brief dreimal schreiben.
□ _____ mußt du dich nicht ärgern. Du kannst meine nehmen.

b) □ _____ regst du dich so auf?
○ _____ meine Arbeitszeit. Ich muß schon wieder am Wochenende arbeiten.
□ _____ solltest du dich nicht mehr aufregen. Such doch eine andere Stelle.

c) □ _____ sprecht ihr?
○ _____ unseren Deutschkurs.
□ _____ möchte ich auch mit euch sprechen.

d) □ _____ hast du Peter gefragt?
○ _____ seiner Meinung zur Straßenmusik.
□ _____ wollte ich ihn auch gerade fragen.

e) □ _____ diskutiert ihr denn?
○ _____ unsere Berufschancen.
□ _____ habt ihr doch schon gestern diskutiert.

f) ☐ Du lachst ja heute schon den ganzen Tag. _____ freust du dich denn so?
   ○ _____ mein gutes Zeugnis.
   ☐ Hast du es Bernd schon gezeigt? Der freut sich bestimmt auch _____.

g) ☐ _____ wollen Sie sich beschweren?
   ○ _____ mein schlechtes Gehalt.
   ☐ _____ müssen Sie sich beim Chef beschweren.

h) ☐ _____ interessierst du dich?
   ○ Nur _____ meinen Beruf.
   ☐ _____ interessiere ich mich weniger. Meine Arbeit ist sehr langweilig.

i) ☐ _____ freust du dich?
   ○ _____ unseren nächsten Urlaub.
   ☐ _____ freue ich mich auch.

j) ☐ _____ wartest du?
   ○ _____ meinen Bus.
   ☐ Wartest du _____ schon lange?

21. Ihre Grammatik. Ergänzen Sie.

B2/3 GR

Präposition + Artikel + Nomen	Fragewort	Pronomen
über den Film (sprechen)	wor___?	dar___
nach deiner Meinung (fragen)		
auf diese Sendung (warten)		
gegen das Fieber (etwas tun)		

22. Was können Sie auch sagen?

B2/3 BD

a) *Wir hätten gern einen größeren Fernseher.*
   Ⓐ Wir kaufen bald einen größeren Fernseher.
   Ⓑ Wir möchten einen größeren Fernseher.
   Ⓒ Wir hatten früher einen größeren Fernseher.

b) *Ich wäre lieber Chefsekretärin.*
   Ⓐ Eine Stelle als Chefsekretärin würde mir besser gefallen.
   Ⓑ Ich war Chefsekretärin.
   Ⓒ Ich wollte Chefsekretärin werden.

c) *In Spanien wäre das Essen besser.*
   Ⓐ Ich glaube, in Spanien hätten wir besseres Essen.
   Ⓑ Man kann nie wissen, wie das Essen in Spanien ist.
   Ⓒ Wenn wir in Spanien wären, würden wir besser essen.

d) *Als Arzt würde ich mehr Geld verdienen.*
   Ⓐ Als Arzt möchte ich mehr Geld verdienen.
   Ⓑ Ein Arzt hätte gern mehr Geld.
   Ⓒ Wenn ich Arzt wäre, hätte ich mehr Geld.

e) *Hätten Sie vielleicht kurz Zeit für mich?*
   Ⓐ Ich würde gerne kurz mit Ihnen sprechen.
   Ⓑ Kann ich Sie kurz haben?
   Ⓒ Haben Sie einen Moment Zeit? Ich möchte Sie kurz sprechen.

f) *Würdest du wie Gabriela leben wollen?*
   Ⓐ Hättest du gern ein Leben wie Gabriela?
   Ⓑ Willst du denn wie Gabriela leben?
   Ⓒ Wärst du gern wie Gabriela?

Lektion 3

B2/3
SA

23. Was wissen Sie über Gabriela? Schreiben Sie einen kleinen Text.
   Die folgenden Informationen können Ihnen helfen:

Gabriela, 20 Jahre, Straßenpantomimin
zieht von Stadt zu Stadt, spielt auf Plätzen und Straßen
Leute mögen ihr Spiel, nur wenige regen sich auf
sammelt Geld bei den Leuten, verdient ganz gut, muß regelmäßig spielen
früher mit Helmut zusammen, auch Straßenkünstler, ihr hat das freie Leben gefallen
für Helmut Geld gesammelt, auch selbst getanzt
nach einem Krach, Schnellkurs für Pantomimen gemacht
findet ihr Leben unruhig, möchte keinen anderen Beruf

B2/3
BD

24. Leute diskutieren über das Thema Fernsehen. Finden Sie eine Reihenfolge.

a) Trotzdem, Kinder sollten nachmittags spielen und Sport treiben. Das ist besser als Fernsehen.

b) Also, das ist doch alles Unsinn! Diese ganze Diskussion ist Unsinn! Warum macht Fernsehen dumm? Können Sie mir das vielleicht erklären?

c) Ich finde, wenn man Kinder hat, sollte man keinen Fernseher kaufen.

d) Da haben Sie ganz recht. Das Fernsehen macht dumm. Kein Mensch liest heute noch Bücher. Alle sitzen vor dem Fernseher.

e) Warum denn nicht? Das Kinderprogramm ist doch oft ganz gut.

f) Das glaube ich auch. Man kann es den Kindern nicht verbieten, und ich finde, man sollte es auch nicht. Fernsehen ist nicht schlecht, wenn die Eltern vorher oder nachher mit den Kindern über die Sendungen sprechen.

g) Regen Sie sich doch nicht so auf. Man kann doch auch ruhig über dieses Problem sprechen.

h) Sicher, da haben Sie recht. Aber wenn man zu Hause keinen Fernseher hat, dann gehen sie zu Freunden und sehen dort fern. Dagegen kann man nichts machen.

i) Aber welche Eltern tun das denn? Die meisten haben doch keine Zeit dafür. Das Fernsehen ist der moderne Babysitter. Und dann fragen die Eltern den Lehrer, warum ihre Kinder so dumm sind.

c) Ich finde, wenn man Kinder hat, sollte man keinen Fernseher kaufen.

e) Warum denn nicht? Das Kinderprogramm ...

FAMILIENALBUM

Von Erich Rauschenbach

Besseres Image mit Klassikern und englischen Filmen in Originalsprache; Rainer Mader und Gunthard Pupke in ihrer Videothek »Fox«

Immer weniger Sex und Horror

Warum man auf dem Videokassettenmarkt mit schlechten Sex- und Horrorfilmen keine großen Geschäfte mehr machen kann.

In deutschen Familien gibt es heute mehr als zwei Millionen Videorecorder. Mit einem solchen Gerät kann man sein eigenes Fernsehprogramm machen. Aber das war bis heute nicht so einfach. Am Anfang des Video-Fiebers konnte man Kassetten meistens nur kaufen, sie kosteten 200 Mark und mehr. 50% der Filme waren harte Sex- und Horrorfilme. Billiger wurde der Video-Spaß, als es

die ersten Videotheken gab. Jetzt mußte man die Kassetten nicht mehr kaufen, man konnte sie leihen. Heute gibt es bei uns schon über 2000 Videotheken, und auch viele Radio- und Fernsehgeschäfte und fast alle Kaufhäuser verkaufen oder verleihen Videofilme.

Für den ersten Tag kostet eine Kassette zwischen 6,50 und 12 Mark. Die nächsten Tage sind billiger.

Wie eine Untersuchung des Verlages Gruner & Jahr zeigt, sind mehr Männer (70%) als Frauen, mehr junge (53% zwischen 20 und 39 Jahren) als alte Leute Kunden in den Videotheken. Nur 10% der Kunden haben das Abitur.

Am Anfang verdienten die Videotheken ausgezeichnet. Doch das Geschäft mit Sex und Horror hatte schnell ein schlechtes Image. Heute fragen die Kunden immer öfter nach besseren Filmen. Und die gibt es jetzt auch, denn die großen internationalen Filmfirmen sind ins große Videogeschäft eingestiegen und verkaufen ihre älteren, aber sehr bekannten Filme auf Kassetten an die Videotheken. Täglich kommen neue Filme auf den Markt. Doch viele Videotheken haben am Anfang zuviel Sex- und Horrorfilme gekauft, jetzt fehlt ihnen deshalb das Geld für die neuen, besseren Filme. Ihr Angebot wird unattraktiv, und sie verlieren ihre Kunden. Nur Videotheken mit genug Kapital und einem breiten Programm haben eine gute Zukunft. Denn schon in drei Jahren gibt es wahrscheinlich doppelt so viele Videorecorder wie heute.

Große internationale Filme konnte man früher auf dem deutschen Markt nicht kaufen oder leihen. Jetzt sind sie das große Geschäft. Einige Filme kommen sogar schon kurz nach dem Kinostart in die Videotheken.

Jährlich 300 neue Titel

Rund eine Million Mark haben Bernd Schoch (vorne rechts) und sein Partner in ihr Hamburger »Videoland« gesteckt: Auf 125 Quadratmetern sind 4500 Cassetten gestapelt. Das Angebot ist nur in wenigen deutschen Videotheken so groß. Die meisten Läden bieten 500 bis 1000 Titel an.

Action läuft am besten

Lektion 4

1. Ergänzen Sie.

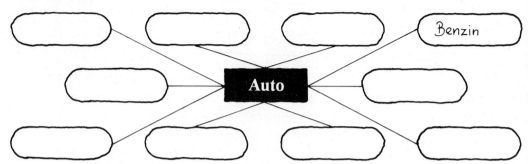

2. Was paßt wo?

leicht	preiswert	voll	niedrig	schwach	schnell

a) langsam – _____   c) leer – _____   e) schwer – _____

b) teuer – _____   d) stark – _____   f) hoch – _____

3. Was kann man nicht sagen?

a) Ich muß meinen Wagen waschen/tanken/baden/abholen/anmelden.

b) Der Tank ist kaputt/schwierig/leer/voll/stark.

c) Ich finde, der Motor läuft zu langsam / sehr gut/nicht richtig/zu schwierig/sehr laut.

d) Ist der Wagen preiswert/blau/blond/hübsch/neu?

e) Das Auto verliert/braucht/hat genug/ißt/nimmt Öl.

f) Mit diesem Auto können Sie Benzin sparen/schnell fahren/gut laufen/Geld sammeln/gut parken.

4. Was paßt wo?

bremsen	reparieren	abschleppen	bezahlen	fahren	tanken

a) Benzin – _____   c) Räder – _____   e) Werkstatt – _____

b) Panne – _____   d) Wagen – _____   f) Steuer – _____

5. Was paßt wo?

Brille	Kind	Auto	Papier	Gemüse	Hemd	Benzin	Brief
Haare	Geld	Hals	Wurst	Brot		Bart	Fleisch	Pullover

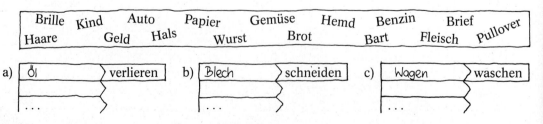

a) Öl ⟩ verlieren   b) Blech ⟩ schneiden   c) Wagen ⟩ waschen

...   .

44

6. Ergänzen Sie.

B1/2
WS

schwierig   Werkzeug   Versicherung   Abteilung   laufen   abschleppen
hinten   zum Schluß   vorne   abholen   Steuer

a) Der Motor ist kaputt. Können Sie meinen Wagen bis zur nächsten Werkstatt _____.
b) Ihr Wagen ist fertig. Sie können ihn sofort _____.
c) Hör doch mal, ich glaube der Motor _____ nicht richtig.
d) Wir haben den Wagen noch nicht gewaschen. Das machen wir immer _____.
e) Den Reifen kann ich selbst wechseln. Das ist nicht _____.
f) Ich kann die Bremsen nicht reparieren. Mir fehlt das richtige _____.
g) Nach dem Unfall hat meine _____ alles bezahlt.
h) Hier ist ein Brief vom Finanzamt. Du hast die _____ für das Auto nicht bezahlt.
i) Die meisten Autos haben den Motor _____.
j) Nur wenige Autos haben den Motor _____.
k) In welcher _____ werden die Autos geprüft?

7. ‚Gehen' hat verschiedene Bedeutungen.

B1/2
WS

A. Als Frau alleine Straßentheater machen. Das *geht* doch nicht!
   (Das soll man nicht tun. Das ist nicht normal.)
B. Das Fahrlicht *geht* nicht.
   (Etwas ist kaputt oder funktioniert nicht.)
C. Können Sie bis morgen mein Auto reparieren? *Geht* das?
   (Ist das möglich?)
D. Wie *geht* es dir?
   (Bist du gesund und zufrieden? Hast du Probleme?)
E. Warum willst du mit dem Auto fahren? Wir können doch *gehen*.
   (zu Fuß gehen, laufen, nicht fahren)
F. Inge ist acht Jahre alt. Sie *geht* seit zwei Jahren zur Schule.
   (die Schule oder die Universität oder einen Kurs besuchen)
G. Wir *gehen* oft ins Theater. / Wir *gehen* jeden Mittwoch schwimmen.
   (zu einem anderen Ort gehen oder fahren und dort etwas tun)

Welche Bedeutung hat ‚gehen' in den folgenden Sätzen?

	1	2	3	4	5	6	7	8	9	10	11	12	13	14
A														
B														
C														
D														
E														
F														
G														

Lektion 4

1. Meiner Kollegin geht es heute nicht so gut. Sie hat Kopfschmerzen.
2. Geht ihr heute abend mit ins Kino?
3. Kann ich heute bei dir fernsehen? Mein Apparat geht nicht.
4. Wenn man Physik studieren will, muß man 5 bis 6 Jahre zur Universität gehen.
5. Geht das Radio wieder?
6. Gaby trägt im Büro immer so kurze Röcke. Ich finde, das geht nicht.
7. Ich gehe heute nachmittag einkaufen.
8. Warum gehst du denn so langsam?
9. Wie lange gehst du schon in den Deutschkurs?
10. Max raucht immer meine Zigaretten. Das geht doch nicht!
11. Geht es Ihrer Mutter wieder besser?
12. Ich möchte kurz mit Ihnen sprechen. Geht das?
13. Ich gehe lieber zu Fuß. Das ist gesünder.
14. Sie wollen mit dem Chef sprechen? Das geht leider nicht.

B1/2
GR

8. Ergänzen Sie.

○ Ihr wollt ein neues Auto kaufen, sagt deine Frau. Was für eins denn?

□ Dieses Mal möchten wir ein kleiner _es_____. Du hast doch den neuen Corsa. Bist du zufrieden?

○ Eigentlich ja. Er ist der teuerst_____ von den Kleinwagen, aber er hat den stärkst_____ Motor. Übrigens hat er einen niedriger_____ Benzinverbrauch und niedriger_____ Kosten pro Monat als der VW-Polo.

□ Das habe ich auch schon gehört. Der Polo ist wohl wirklich der unattraktivst_____ von allen Kleinwagen. Viele sagen, VW bietet eine besser_____ Qualität und einen besser_____ Werkstattservice als die anderen Firmen. Aber das stimmt doch nicht mehr. Die Japaner zum Beispiel bauen keine schlechter_____ Autos als die Deutschen. Und ihre Werkstätten sind auch nicht die schlechtest_____, habe ich gelesen. Letzte Woche habe ich mir mal den neuest_____ Nissan, den Micra, angesehen. Er hat einen etwas kleiner_____ Kofferraum und eine etwas niedriger_____ Höchstgeschwindigkeit als die anderen Kleinwagen, aber dafür den günstigst_____ Preis, den niedrigst_____ Verbrauch und die niedrigst_____ Kosten pro Monat. Das ist mir am wichtigsten.

○ Und wie findest du den neuest_____ Peugeot, den 205? Hast du dir den auch schon angesehen?

□ Ja. Der ist sicher der bequemst_____ von allen. Aber du weißt ja, leider sind die Peugeot-Werkstätten oft die teuerst_____, und die Peugeot-Qualität ist nicht immer die best_____.

○ Und was macht ihr jetzt? Welchen nehmt ihr?

□ Wahrscheinlich den Micra. Aber genau wissen wir es noch nicht.

9. Ihre Grammatik: Ergänzen Sie.

a)

Nominativ	Akkusativ	Dativ
Das ist (sind)	Dieser Wagen hat	Das ist der Wagen mit
der _höchste_ Verbrauch.	den _____ Verbrauch.	dem _____ Verbrauch.
die _hoch_ Geschwin-digkeit.	die _____ Geschwin-digkeit.	der _____ Geschwin-digkeit.
das _hoch_ Gewicht.	das _____ Gewicht.	dem _____ Gewicht.
die _hoch_ Kosten.	die _____ Kosten.	den _____ Kosten.

b)

Nominativ	Akkusativ	Dativ
Das ist (sind)	Dieser Wagen hat	Es gibt einen Wagen mit
ein _niedrigerer_ Verbrauch.	einen _____ Verbrauch.	einem _____ Verbrauch.
eine _nied_ Geschwin-digkeit.	eine _____ Geschwin-digkeit.	einer _____ Geschwin-digkeit
ein _____ Gewicht.	ein _____ Gewicht.	einem _____ Gewicht.
— _____ Kosten.	— _____ Kosten.	— _____ Kosten.

10. ‚Wie' oder ‚als'? Ergänzen Sie.

a) Den Corsa finde ich besser _____ den Polo.

b) Der Micra fährt fast so schnell _____ der Peugeot.

c) Der Peugeot hat einen genauso starken Motor _____ der Polo.

d) Der Micra verbraucht weniger Benzin _____ der Polo.

e) Der Micra hat einen fast so großen Kofferraum _____ der Corsa.

f) Es gibt keinen günstigeren Kleinwagen _____ den Micra.

g) Kennen Sie einen schnelleren Kleinwagen _____ den Corsa?

h) Der Corsa kostet genauso viel Steuern _____ der Micra.

11. Sie können es auch anders sagen.

a) Man hat mir gesagt, das neue Auto verbraucht weniger Benzin. Aber das stimmt nicht.
Das neue Auto verbraucht mehr Benzin, als man mir gesagt hat.

b) Man hat mir gesagt, das neue Auto verbraucht weniger Benzin. Das stimmt wirklich.
Das neue Auto verbraucht genauso wenig Benzin, wie man mir gesagt hat.

c) Du hast gesagt, die Werkstattkosten für einen Peugeot sind sehr hoch. Ich wollte es nicht glauben, aber du hast recht.

d) Der Autoverkäufer hat uns gesagt, der Motor ist erst 25 000 km gelaufen. Aber das ist falsch. Der Motor ist viel älter.

e) In der Anzeige steht, der Wagen fährt 150 km/h. Aber er fährt schneller.

f) In der Anzeige schreibt Nissan, der Micra fährt 143 km/h. Das stimmt.

g) Der Autoverkäufer hat mir erzählt, den Wagen gibt es nur mit einem 54 PS-Motor. Aber es gibt ihn auch mit einem schwächeren Motor.

h) Früher habe ich gemeint, Kleinwagen sind unbequem. Das finde ich nicht mehr. Letzte Woche habe ich mir welche angesehen, und die sind sehr bequem.

Lektion 4

B1/2
GR

12. Arbeiten in einer Autowerkstatt. Was passiert hier? Schreiben Sie.

Kaufvertrag unterschreiben sauber machen arbeiten tanken waschen
reparieren Bremsen prüfen schweißen abschleppen wechseln Rechnung bezahlen abholen

a) Hier wird ein Auto abgeholt.

b) _____

c) _____

d) _____

e) _____

f) _____

g) _____

h) _____

i) _____

j) _____

k) _____

l) _____

Ihre Grammatik. Ergänzen Sie.

ich	du	Sie	er/sie/es	man	wir	ihr	sie
werde abgeholt	w						

13. Jemand fragt Sie nach dem Rezept für Zwiebelhähnchen. Erklären Sie es. Im Deutschen verwendet man dafür das Passiv und die Wörter ‚zuerst', ‚dann', ‚danach', ‚zuletzt', ‚zum Schluß' und ‚und'.

Zwiebelhähnchen

(für 4 Personen)

Das brauchen Sie:

2 Hähnchen	Basilikum	
(ca. 1½ Kilo),	3 Löffel Öl	125 g Mandeln
Salz, Pfeffer,	½ Liter Fleischbrühe	Petersilie
Curry, Thymian,	1½ Pfund Zwiebeln (rot)	1 Tasse Reis

So kochen Sie:

 Die Hähnchen in Stücke schneiden.

 Zwiebeln schälen, klein schneiden und zu den Hähnchen geben, nochmal 10 Minuten kochen.

 Mit Salz, Pfeffer, Curry, Thymian und Basilikum würzen.

 Mandeln in kleine Stücke schneiden. Das Essen mit Petersilie bestreuen.

 In Öl braten. Fleischbrühe dazugeben und 20 Minuten kochen.

 Reis 20 Minuten in Salzwasser kochen. Reis und Hähnchen servieren.

Zuerst werden die Hähnchen in Stücke geschnitten. Dann werden sie . . .

Lektion 4

B1/2
GR

14. Ihre Grammatik: Ergänzen Sie.

a) Die Hähnchen werden zuerst in Stücke geschnitten.
b) Man schneidet die Hähnchen zuerst in Stücke.
c) Heute schleppt Ruth das Auto zur Werkstatt ab.
d) Heute wird das Auto zur Werkstatt abgeschleppt.
e) Die Autos werden von der Bahn schnell nach Italien gebracht.
f) Die Bahn bringt die Autos schnell nach Italien.

	Inversionssignal	Subjekt	Verb	Subjekt	unbetonte obligator. Ergänzung	Angabe	obligatorische Ergänzung	Verb
a		Die Hähnchen	werden			zuerst	in Stücke	geschnitten.
b								
c								
d								
e								
f								

B1/2
BD

15. Was können Sie auch sagen?

a) *Wird der Wagen zu schnell gefahren?*
  Ⓐ Fährt der Wagen zu schnell?
  Ⓑ Ist der Wagen meistens sehr schnell?
  Ⓒ Fahren Sie den Wagen zu schnell?

b) *In unserer Familie wird viel gesungen.*
  Ⓐ In unserer Familie singen wir viel.
  Ⓑ Unsere Familie singt immer.
  Ⓒ Unsere Familie singt meistens hoch.

c) *In China werden die meisten Kinder geboren.*
  Ⓐ Die meisten Kinder haben in China Geburtstag.
  Ⓑ Chinesen bekommen die meisten Kinder.
  Ⓒ Die meisten Frauen bekommen ihre Kinder in China.

d) *Worüber wird morgen im Deutschkurs gesprochen?*
  Ⓐ Worüber sprechen wir morgen im Deutschkurs?
  Ⓑ Spricht morgen jemand im Deutschkurs?
  Ⓒ Über welches Thema reden wir morgen im Deutschkurs?

e) *Warum werde ich immer gestört?*
  Ⓐ Warum stört mich immer jemand?
  Ⓑ Warum störe ich immer?
  Ⓒ Warum stört man mich immer?

f) *Kinder werden nicht gern gewaschen.*
  Ⓐ Keiner wäscht die Kinder.
  Ⓑ Kinder mögen es nicht, wenn man sie wäscht.
  Ⓒ Kinder wäscht man meistens nicht.

g) *Die schweren Arbeiten werden von Robotern gemacht.*
  Ⓐ Die Roboter machen die Arbeit schwer.
  Ⓑ Die schweren Roboter werden nicht mehr von Menschen gemacht.
  Ⓒ Die Roboter machen die schweren Arbeiten.

h) *In Frankreich wird viel Wein getrunken.*
  Ⓐ Man trinkt viel Wein, wenn man in Frankreich ist.
  Ⓑ Wenn man viel Wein trinkt, ist man oft in Frankreich.
  Ⓒ Die Franzosen trinken viel Wein.

50

16. Was können Sie auch sagen?

a) *Bernd hat seine Angst vor Hunden verloren.*
   - Ⓐ Bernd hat seine Hunde verloren, weil er Angst hatte.
   - Ⓑ Bernd hatte noch nie Angst vor Hunden.
   - Ⓒ Bernd hat jetzt keine Angst mehr vor Hunden.

b) *Carola hat ihre Eltern bei einem Unfall verloren.*
   - Ⓐ Carolas Eltern sind bei einem Unfall gestorben.
   - Ⓑ Carolas Eltern hatten einen Unfall. Sie sind tot.
   - Ⓒ Carolas Eltern sind schwer krank.

c) *Lutz verliert seine Haare.*
   - Ⓐ Lutz hat kurze Haare.
   - Ⓑ Lutz hat bald keine Haare mehr.
   - Ⓒ Lutz muß seine Haare suchen.

d) *Wir haben den Weg verloren.*
   - Ⓐ Wir konnten den Weg nicht finden.
   - Ⓑ Wir haben die Straßen verloren.
   - Ⓒ Wir haben den richtigen Weg nicht mehr gewußt.

e) *Herbert hat seine Stelle verloren.*
   - Ⓐ Herbert ist arbeitslos geworden.
   - Ⓑ Herbert will nicht mehr arbeiten.
   - Ⓒ Herbert kann keine Stelle finden.

f) *Max hat schon 6 Kilogramm verloren.*
   - Ⓐ 12 Pfund sind schon kaputt.
   - Ⓑ Max ist jetzt 12 Pfund leichter.
   - Ⓒ Max ist jetzt schlanker.

g) *Durch die Panne habe ich Zeit verloren.*
   - Ⓐ Ich weiß nicht, wie spät es ist.
   - Ⓑ Die Fahrt war länger, als erwartet.
   - Ⓒ Meine Uhr ist kaputtgegangen.

17. Schreiben Sie einen Dialog.

Ich kann Sie ja verstehen, Frau Becker. Wir versuchen es, vielleicht klappt es ja heute doch noch. Wir rufen Sie dann an.

Nein, das ist alles. Wann kann ich das Auto abholen?

~~Mein Name ist Becker. Ich möchte meinen Wagen bringen.~~

Morgen nachmittag erst? Aber gestern am Telefon haben Sie mir doch gesagt, es geht heute noch.

Das muß man doch wissen. Das geht doch nicht!

Morgen nachmittag.

Die Bremsen ziehen immer nach links, und der Motor braucht zuviel Benzin.

Es tut mir leid, Frau Becker. Aber wir haben so viel zu tun. Das habe ich gestern nicht gewußt.

Noch etwas? Ja gut. Meine Nummer kennen Sie ja.

Ach ja, Frau Becker. Sie haben gestern angerufen. Was sollen wir machen?

○ _Mein Name ist Becker. Ich möchte meinen Wagen bringen._
□ _____
○ _____
□ ...

51

Lektion 4

B3
WS

18. Ergänzen Sie.

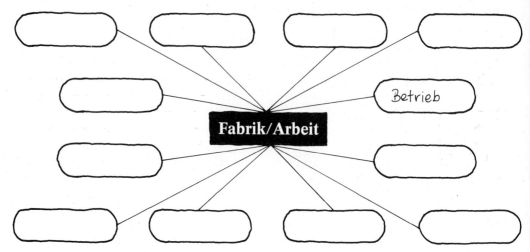

Fabrik/Arbeit

Betrieb

B3
WS

19. Was paßt nicht?

a) Industrie – Arbeitgeber – Angestellter – Arbeitnehmer
b) Lohn – Gehalt – Geld – Firma
c) Firma – Betrieb – Überstunden – Fabrik

B3
WS

20. Was sehen Sie?

a) Autobahn
b) Automechaniker
c) Autounfall
d) Autowerkstatt
e) Autozug
f) Lastwagen
g) Unfallauto
h) Werkstattauto

52

21. Machen Sie selbst Nomen. Man kann sehr viele bilden, aber man verwendet nicht alle. Vergleichen Sie den Schlüssel zu dieser Übung.

B3
WS

Arbeit(s)	platz
Auto	lohn
Betrieb(s)	rat
Hand	rechnung
Fuß	dach
Reparatur	arbeiter
Metall	steuer
Unfall	versicherung
	werkstatt
	geld
	tag
	zeit
	fabrik
	industrie
	bremse
	firma
	motor
	wagen
	radio
	spiegel
	panne
	telefon
	werkzeug

Arbeitsplatz

22. Was können Sie auch sagen?

B3
BD

a) *Harry ist jeden Abend froh, wenn er nach Hause gehen kann.*
   - Ⓐ Wenn Harry froh ist, geht er nach Hause.
   - Ⓑ Harry geht immer früh nach Hause.
   - Ⓒ Harry freut sich, wenn seine Arbeit zu Ende ist.

b) *Wir haben in diesem Monat 250,– DM gespart.*
   - Ⓐ Wir hatten am Monatsende noch 250,– DM.
   - Ⓑ Wir müssen in diesem Monat noch 250,– DM bezahlen.
   - Ⓒ In diesem Monat fehlen uns 250,– DM.

c) *Harry verdient rund 2000,– DM pro Monat.*
   - Ⓐ Harry verdient viel mehr als 2000,– DM.
   - Ⓑ Harry verdient etwa zwischen 1900,– und 2100,– DM.
   - Ⓒ Harry verdient vielleicht 2000,– DM.

d) *Harry verdient sehr gut. Das hält ihn bei VW.*
   - Ⓐ Weil Harry gut verdient, sucht er keine andere Stelle.
   - Ⓑ Harry verdient gut. Deshalb bleibt er bei VW.
   - Ⓒ Harry verdient gut. Deshalb will er kündigen.

Lektion 4

e) *Das steht im Tarifvertrag.*
   Ⓐ Der Tarifvertrag steht dort.
   Ⓑ Das sagt der Tarifvertrag.
   Ⓒ Das verlangt der Tarifvertrag.

f) *Nino arbeitet in der Elektroindustrie.*
   Ⓐ In Ninos Firma werden Elektroteile gemacht.
   Ⓑ Nino repariert Elektroteile.
   Ⓒ Nino ist Elektriker.

B3 BD

23. ‚Ganz' hat verschiedene Bedeutungen.

A. Zum Schluß wird das *ganze* Auto geprüft. *(ganz = alle Teile einer Sache)*
B. Man sollte die Straßenmusik *ganz* verbieten. *(ganz = total, völlig)*
C. Harry Gerth ist mit seiner Arbeit *ganz* zufrieden. *(ganz = ziemlich)*

Welche Bedeutung hat ‚ganz' in den folgenden Sätzen?

	1	2	3	4	5	6
A						
B						
C						

1. Wir müssen den ganzen Motor reparieren.
2. Entschuldigung, das habe ich ganz vergessen.
3. Bitte tanken Sie den Wagen ganz voll.
4. Die ganze Abteilung macht jetzt Urlaub.
5. Der Wagen gefällt mir ganz gut, aber ich finde ihn etwas langsam.
6. Die Bremsen hinten waren ganz gut. Wir mußten nur die vorne reparieren.

B3 SA

24. Die Journalistin Edith Hahn hat den Artikel über den VW-Arbeiter Harry Gerth geschrieben. Vorher hat sie mit ihm ein Interview über seine Arbeit gemacht. Unten finden Sie die Fragen der Journalistin. Welche Antworten hat Harry Gerth wohl gegeben?

E. H.: Herr Gerth, wie lange sind Sie eigentlich schon bei VW?
H. G.: _____

E. H.: Was haben Sie vorher gemacht?
H. G.: _____

E. H.: Und was machen Sie jetzt bei VW? In welcher Abteilung arbeiten Sie?
H. G.: _____

E. H.: Sagen Sie, finden Sie Ihre Arbeit nicht sehr anstrengend?
H. G.: _____

E. H.: Und Ihre Arbeitszeit, wie finden Sie die? Die ist doch ziemlich unregelmäßig.
H. G.: _____

E. H.: Entschuldigen Sie, Herr Gerth, wenn ich Sie so direkt frage. Was verdienen Sie?
H. G.: _____

E. H.: Sind Sie damit zufrieden?
H. G.: _____

E. H.: In der Industrie sprechen alle von Rationalisierung. Was denken Sie darüber?
H. G.: _____

E. H.: Herr Gerth, Sie sind jetzt schon ziemlich lange bei VW und haben eigentlich immer nur in der Montage gearbeitet. Haben Arbeiter bei VW keine Karrierechancen?
H. G.: _____

54

Die Hamburger Polizei nimmt einen Mann fest, der gestohlene Mercedes in den Nahen Osten verschieben wollte.

Die Geschäfte der Autodiebe gehen immer besser

Am liebsten Porsche

Der Golf, so kann man in einer VW-Anzeige in den USA lesen, ist das Auto, das am meisten geklaut wird. Der Grund: Es gibt in den USA kein sparsameres Auto als den Golf. Auch in der Bundesrepublik ist der Golf bei den Autodieben sehr beliebt. Von 45 000 Autos, die im letzten Jahr gestohlen wurden, sind 11.500 von VW. Doch diese Zahlen zeigen kein richtiges Bild, denn es gibt viel mehr Volkswagen auf den deutschen Straßen als Autos von Porsche und Alfa Romeo. Nur 1,6 von 1000 Volkswagen, aber 13,1 von 1000 Porsche werden geklaut. Außer Porsche sind auch Alfa Romeo, BMW und Citroën bei den Autodieben sehr beliebt. Interessant ist, daß immer weniger Mercedes ohne Geld den Besitzer wechseln. Dafür gibt es einen einfachen Grund. Sie haben ein verstecktes Codesystem. Damit können geklaute Autos an den Grenzen leicht erkannt werden, sogar dann, wenn die falschen Autopapiere sehr gut sind.

Alle zwölf Minuten wird in der Bundesrepublik ein Auto gestohlen. Sogar hochmoderne Alarmanlagen sind für Profi-Diebe kein grosses Problem. Gut funktioniert nur das Identicar-System aus England: Auf allen Scheiben eines Autos ist seine Nummer zu lesen. Die Autodiebe müssen also Scheiben erneuern, weil sie für den Verkauf des Wagens unbedingt eine neue Nummer brauchen. Das ist ziemlich teuer und kostet Zeit.

Die Hitliste der Autodiebe

Von tausend Autos werden gestohlen...

Porsche	13,1
Alfa Romeo	6,8
BMW	5,8
Citroën	3,1
Mercedes	2,9
Ford	1,8
Talbot	1,6
VW	1,6
Fiat	1,5
Opel	1,4
Renault	1,2

Hochgerechnet nach Angaben des Landeskriminalamtes Nordrhein-Westfalen

Wenn die Haushaltskasse nicht mehr stimmt

„Komm mir bloß nicht mit so einem Ding nach Hause," hat Vater Lochner zu seinem ältesten Sohn Alex gesagt, als der von einem Walkman schwärmt, einem Kassetten - Abspielgerät mit Leicht-Kopfhörer. „Ich nehm's dir weg und schmeiß es in den Müll, das sag' ich dir!" Alex meint, daß er seinem Vater schon so etwas zutrauen würde. „Es wäre nicht das erste Mal, daß er sowas macht", sagt er. „Natürlich, ich höre euch ja schließlich auch zu, wenn ihr mir etwas sagt, da könnt ihr mir auch zuhören und braucht euch nicht die Ohren verstopfen mit Musik!" sagt der Vater darauf.

Herr Lochner ist nicht unzufrieden mit seinen drei Söhnen. „Ja, sicher, ein paar Sachen gefallen mir nicht, der Alex, der könnte schon ein bißchen gepflegter sein in seinem Äußeren…" Er meint die Kleider, die er bei Alex zu bunt findet, bei Thomas, dem zweiten, übrigens auch. „Und daß sich Alex nur alle zwei oder drei Tage kämmt, das versteh' ich auch nicht. Aber so im großen und ganzen bin ich schon zufrieden mit ihnen. Wir haben den Jungs immer gesagt, sie sollen frei ihre Meinung sagen und andere auch ihre Meinung sagen lassen. Und das tun sie jetzt eigentlich auch…"

Herr Lochner arbeitet bei Krupp und bringt im Monat etwa 2000 Mark netto nach Hause. Dazu kommen noch 240 Mark Kindergeld, die der Staat bezahlt; die Familie kann also im Monat 2240 Mark ausgeben. Zum Glück ist die Miete für die Doppelhaushälfte billig: 680 Mark mit Strom, Gas und Wasser. Das Doppelhaus gehört nämlich Herrn Lochners Arbeitgeber, der Firma Krupp. Für Versicherungen gibt Herr Lochner 140 Mark aus, für die Gewerkschaft

Mit der Krise leben:
Zum Beispiel Familie
Lochner in Bochum

(IG Metall) 24 Mark, für die Zeitung 17,90 Mark. Das Auto, ein alter Ford mit 110 000 km auf dem Tacho, kostet durchschnittlich 200 Mark, und 800 bis 900 Mark braucht Frau Lochner für die Haushaltskasse, sonst werden ihre vier Männer nicht satt. Da bleibt am Monatsende nicht viel übrig, vielleicht mal 100 oder 150 Mark für die Urlaubskasse.

Seit drei Monaten macht Herr Lochner Kurzarbeit, weil es bei Krupp nicht genug Arbeit gibt. Das heißt, daß er nur noch dreißig Stunden pro Woche arbeiten kann, statt vierzig. Das Arbeitsamt zahlt Kurzarbeitergeld und gleicht damit einen Teil des verlorenen Einkommens aus, aber es fehlen trotzdem 140 Mark in der Haushaltskasse. Seit der Vater kurzarbeitet, gibt es deshalb weniger Fleisch, und abends kommt meistens kein warmes Essen mehr auf den Tisch, sondern nur Brote. Herr

Lochner dreht seine Zigaretten jetzt selbst und versucht auch – „manchmal mit Erfolg…" – weniger zu rauchen. Und Berti, der jüngste Sohn, bekommt kein regelmäßiges Taschengeld mehr.

Ein teures Hobby hat zum Glück niemand in der Familie, im großen Garten gibt es genug zu tun, keiner braucht sich also zu langweilen. Trotz der Kurzarbeit müssen die beiden älteren Jungen kein Essengeld zahlen, und die Eltern haben Alex sogar 600 Mark für einen Heimcomputer geliehen. Geld bei der Bank leihen, für ein Auto zum Beispiel oder für neue Möbel, das machen Lochners nicht mehr. „Vielleicht wird mein Mann ja mal arbeitslos, und dann könnten wir einen Kredit nicht mehr bezahlen," meint Frau Lochner.

„Seit die CDU an der Regierung ist, geht es den kleinen Leuten schlechter," sagen Lochners. „Es gibt weniger Kindergeld, und wenn ich ins Krankenhaus müßte, dann muß ich jetzt für die ersten Wochen fünf Mark pro Tag selbst zahlen," so begründet Herr Lochner diese Meinung. Er und seine Frau haben immer SPD gewählt, und dabei werden sie wohl auch bleiben.

Die Eltern verstehen nicht so recht, daß Alex jetzt bei der Friedensdemonstration mitmacht. „Klar, für Frieden ist jeder, wir auch. Aber wichtiger ist doch jetzt, daß jeder einen Arbeitsplatz hat. Warum soll Rheinmetall keine Waffen produzieren? Dadurch haben doch viele Leute Arbeit, die sonst arbeitslos wären."

Wirkliche Angst vor der Zukunft hat niemand in der Familie. Der Vater ist noch nicht arbeitslos, und Kriege gibt es bis jetzt nur in anderen Teilen der Welt, weit weg von Europa.

Der Job-Killer

Noch verdient jeder dritte Angestellte bei uns sein Geld am Schreibtisch. Aber Millionen Arbeitsplätze sind in Gefahr: Die Mikro-Chips in den Computern machen normale Büroarbeiten besser und schneller als Menschen.

Ein Beispiel: Hermann Schulz aus Köln will seiner Frau ein neues Auto kaufen. Weil er nicht genug Geld hat, geht er zu seiner Bank und bittet um einen Kredit. Früher dauerte die Antwort der Bank zwei oder drei Tage, jetzt bekommt er sie sofort. Denn der Bankangestellte gibt die Daten von Hermann Schulz in einen zentralen Computer. Der prüft die Daten von Herrn Schulz. Der Angestellte entscheidet nicht mehr selbst, das macht der Computer für ihn.

Noch ist das Zukunft, aber die kommt heute schneller als früher. Sogar Computer-Ingenieure sind nicht mehr sicher, ob die Menschen schnell genug lernen können, die neuen Techniken zu kontrollieren. Früher haben Maschinen nur die menschliche Handarbeit gemacht, jetzt sollen sie auch bestimmte Kopfarbeiten erledigen.

Viele Angestellte werden in Zukunft wegen ihres neuen Kollegen Computer entlassen, und es werden keine neuen eingestellt. Das Ergebnis: Tausende Leute mit Büroberufen sind arbeitslos.

Aber nicht nur in den Büros, auch in den Fabriken machen in den nächsten Jahren immer mehr Computer und Roboter die Arbeit.

Die Gewerkschaften wissen bis jetzt noch nicht genau, wie sie auf den Job-Killer Computer reagieren sollen. Dieses Jahr wollen sie für eine kürzere Wochenarbeitszeit kämpfen und, wenn es notwendig ist, auch streiken. Doch damit allein kann man das Problem nicht lösen. Es muß auch eine Antwort auf die Frage gefunden werden: Was machen die Leute mit der vielen Freizeit?

Schreibsäle sind heute noch in vielen Großbetrieben üblich. In wenigen Jahren werden sie leer sein. Ein winziges Stück Silizium, der Mikro-Chip (oben) macht Computer so leistungsfähig, daß sie die meiste Arbeit in den Büros übernehmen können.

Lektion 5

1. Was findet man gewöhnlich bei anderen Menschen positiv oder negativ?
Ordnen Sie die Wörter (−/+). Schreiben Sie dann das Gegenteil dazu.

a) attraktiv	c) langweilig	e) sympathisch	g) pünktlich	i) zufrieden
b) nett	d) höflich	f) freundlich	h) dumm	j) nervös

a) _häßlich_ ✓

b) _scheußlich_ ✓

c) _interessant_ ✓

d) _unhöflich_ ✓

e) _unsympathisch_ ✓

f) _unfreundlich_ ✓ +

g) _unpünktlich_ ✓ +

h) _gewitzt_ ✓

i) _unglücklich_ ✓

j) _ruhig_ ✓

2. Ergänzen Sie die Sätze.

sich entschuldigen   sich duschen   anrufen   reden   vergessen   erzählen   ausmachen
telefonieren   anmachen   hängen   wecken

a) Ich habe in meiner neuen Wohnung kein Bad, aber du hast doch eins. Kann ich mich bei dir _mich duschen_?

b) Dein Mantel liegt im Wohnzimmer auf dem Sofa, oder er _hängt_ im Schrank.

c) Du hörst jetzt schon seit zwei Stunden diese schreckliche Musik. Kannst du den Plattenspieler nicht mal _ausmachen_?

d) _Mache_ doch mal das Licht _aus_. Man sieht ja nichts mehr.

e) Du stehst doch immer ziemlich früh auf. Kannst du mich morgen um 7.00 Uhr _wecken_?

f) Vielleicht kann ich doch morgen kommen. _Rufen_ mich doch morgen mittag zu Hause oder im Büro _an_. Dann weiß ich es genau.

g) Du mußt dich bei Monika _entschuldigen_. Du hast ihren Geburtstag _vergessen_.

h) Mit wem hast du gestern so lange _telefonieren_? Ich wollte dich anrufen, aber es war immer besetzt.

i) Klaus ist so langweilig. Ich glaube, der kann nur über das Wetter _reden_.

j) Sie hat mir viel von ihrem Urlaub _erzählt_. Das war sehr interessant.

3. Welches Verb paßt wo? Ergänzen Sie auch selbst Beispiele.

von meiner Schwester   vom Urlaub   mit der Firma Berg   bei Jens   den Apparat
mit Frau Ander   im Betrieb   über Klaus   über die Krankheit   über die Gewerkschaft
die Politik   den Recorder   bei meinem Bruder   den Film   von den Kindern

a) _den Recorder_ } ausmachen
...

b) _den Film_ } anmachen
...

c) _von meiner Schwester_ _bei meinem Bruder_ _bei Jens_ } anrufen

d) sich _über die Krankheit_ _von den Kindern_ } entschuldigen
...

58

e) *über Klaus* / kritisieren
war die Gewerkschaft
...

g) sich *der Apparat* / unterhalten
... *unterhalten*

f) *mit der Firma Berg* / telefonieren
mit Frau Ander
...

h) *vom Urlaub* / reden
die Politik *reden*
im Betrieb

4. So können Sie es auch sagen.

B1
GR

a) Ich wollte dich anrufen. Leider hatte ich keine Zeit.
   Leider hatte ich keine Zeit, dich anzurufen.

   Ebenso:
b) Immer muß ich die Wohnung allein aufräumen. Nie hilfst du mir. *Weil mir nicht hilfst du mir, muß ich die Wohnung allein aufräumen*
c) Kannst du nicht pünktlich sein? Hast du das nicht gelernt? *Warum hast du nicht gelernt pünktliche sein*
d) Hast du Gaby nicht eingeladen? Hast du das vergessen? *Hast du vergessen Gaby einzuladen?*
e) Ich lerne jetzt Französisch. Morgen fange ich an. *Am morgen fange ich französisch lernen an*
f) Ich wollte letzte Woche mit Jochen ins Kino gehen, aber er hatte keine Lust. *Jochen hatte keine Lust*
g) Meine Kollegin konnte mir gestern nicht helfen, weil sie keine Zeit hatte. *Meine Kollegin hatte keine Zeit mir gestern helfen*
h) Mein Bruder wollte mein Auto reparieren. Er hat es versucht, aber es hat leider nicht geklappt. *klappt? ?*
i) Die Werkstatt sollte den Wagen waschen, aber sie hat es vergessen. *Die Werkstatt hat den Wagen waschen vergessen.*

Ihre Grammatik: Ergänzen Sie.

	Inversions-signal	Subjekt	Verb	Subjekt	unbet. obl. Ergänzung	Angabe	obligator. Ergänzung	Verb
a	Leider		hatte	ich	dich		keine Zeit,	anzurufen.
b		du						
c								
d								

Help!
?

Ich kanne nicht die Seife sehen!

5. Was können Sie auch sagen?

B1
BD

a) *Ich kann Peter nicht leiden.*
   Ⓐ Ich finde Peter unsympathisch.
   Ⓑ Ich kann Peter nicht lieben.
   Ⓒ Ich mag Peter nicht.

   Ich denke Peter grausam ist für mich. Peter satanisch ist!

b) *Ich habe morgens nie Lust, mich zu waschen.*
   Ⓐ Ich habe morgens kein Wasser im Bad.
   Ⓑ Wasser interessiert mich morgens nicht.
   Ⓒ Ich wasche mich morgens nicht gern.

   oder?

   Ich wasche nur abends gern
   Ich stehe morgens spät immer auf

Lektion 5

c) *Wenn mein Mann ins Bett geht, vergißt er immer, den Fernseher auszumachen.*

  Ⓐ Wenn der Fernseher an ist, geht mein Mann ins Bett.

  Ⓑ Wenn mein Mann ins Bett geht, macht er nie den Fernseher aus.

  Ⓒ Wenn mein Mann fernsieht, vergißt er immer ins Bett zu gehen.

d) *Barbara versucht, ihrem Mann zu gefallen.*

  Ⓐ Barbara gefällt ihrem Mann.

  Ⓑ Barbara und ihr Mann sind gefallen.

  Ⓒ Barbara möchte ihrem Mann gefallen.

e) *Mein Mann verbietet mir, meine Eltern einzuladen.*

  Ⓐ Ich darf meine Eltern nicht einladen.

  Ⓑ Meine Eltern wollen uns nicht besuchen.

  Ⓒ Mein Mann darf meine Eltern nicht besuchen.

f) *Manche Leute kommen immer zu spät.*

  Ⓐ Wenn die Leute kommen, ist es zu spät.

  Ⓑ Manche Leute können einfach nicht pünktlich sein.

  Ⓒ Später kommen viele Leute.

6. Sagen Sie es anders.

a) Meine Freundin glaubt, alle Männer sind schlecht.
  Meine Freundin glaubt, *daß alle Männer schlecht sind.*
  Ebenso:

b) Ich habe gehört, Inge hat einen neuen Freund.

c) Peter hofft, seine Freundin will bald heiraten.

d) Du hast mich nicht zu deinem Geburtstag eingeladen. Darüber habe ich mich geärgert.

e) Helga hat erzählt, sie hat eine neue Wohnung gefunden.

f) Ich bin überzeugt, es ist besser, wenn man jung heiratet.

g) Frank hat gesagt, er will heute abend eine Kollegin besuchen.

h) Ich meine, man soll viel mit seinen Kindern spielen.

i) Wir wissen, Peters Eltern haben oft Streit.

7. Was ist Ihre Meinung?

a) Geld macht nicht glücklich.
b) Es gibt sehr viele schlechte Ehen.
c) Ohne Kinder ist man freier.
d) Die meisten Männer heiraten nicht gern.
e) Die Liebe ist das Wichtigste im Leben.
f) Reiche Männer sind immer interessant.
g) Schöne Frauen sind meistens dumm.
h) Frauen mögen harte Männer.
i) Man muß nicht heiraten, wenn man Kinder will.

Ich bin überzeugt, daß . . .
Ich glaube (auch), . . .
Ich finde (aber), . . .
Ich meine, . . .
Ich denke, . . .

Ich bin auch überzeugt, daß Geld nicht glücklich macht.
Ich glaube, daß Geld doch glücklich macht.
Ich meine, daß Geld manchmal doch glücklich macht.
Ich denke, daß man ohne Geld auch nicht glücklich ist.
...

60

8. ‚Bei‘, ‚nach‘, ‚während‘ oder ‚in‘? Ergänzen Sie. Es können auch zwei Präpositionen passen. Ergänzen Sie auch die Artikel.

a) _____ Hochzeit wollen Elke und ihr Mann nach Südamerika fliegen.

b) Ich konnte dich heute _____ Arbeitszeit nicht anrufen, weil ich nie allein im Büro war.

c) Mein Mann sieht sehr gerne Fußball. _____ Sportsendungen darf ich ihn deshalb nicht stören.

d) _____ Arbeit hat mein Mann meistens keine Zeit, mit den Kindern zu spielen.

e) _____ Abendessen hat er nie Lust, mir in der Küche zu helfen.

f) _____ ersten Zeit haben wir uns gut verstanden, aber dann hatten wir oft Streit.

g) Wenn mein Vater sich _____ Arbeit über seinen Chef geärgert hat, ist er abends immer sehr nervös.

h) Wenn meine Mutter sich nicht wohl fühlt, muß ich gleich _____ Abendessen ins Bett.

i) _____ letzten Woche hat mich meine Schwester besucht.

Ihre Grammatik: Ergänzen Sie. (‚Während‘ können Sie mit dem Dativ und Genitiv gebrauchen.)

der Besuch	die Arbeit	das Abendessen	die Sportsendungen
während dem Besuch (während des Besuchs)	während (während)	( )	( )
beim Besuch	bei		
nach d			
der erste Monat	die letzte Woche	das nächste Jahr	die ersten Jahre
im ersten Monat	in		

9. Was können Sie auch sagen?

a) *Wir haben ähnliche Probleme wie Hans und Gaby.*
   - Ⓐ Hans und Gaby haben sicher auch Probleme.
   - Ⓑ Unsere Probleme sind nicht sehr viel anders als die von Hans und Gaby.
   - Ⓒ Wenn Hans und Gaby Probleme haben, haben wir auch welche.

b) *Am Anfang einer Ehe gibt es oft Geldprobleme.*
   - Ⓐ In den ersten Ehejahren haben viele Paare zu wenig Geld.
   - Ⓑ Eine Ehe fängt oft mit Geldproblemen an.
   - Ⓒ Wenn man heiratet, fangen die Probleme an.

c) *Eva hat gleich nach der Schule geheiratet.*
   - Ⓐ Eva war mit der Schule fertig und hat dann gleich geheiratet.
   - Ⓑ Eva hatte nach der Schule keine Zeit zu heiraten.
   - Ⓒ Eva hat geheiratet, weil sie mit der Schule aufgehört hat.

d) *Ralf möchte entweder eine reiche Frau heiraten oder keine.*
   - Ⓐ Ralf möchte eine reiche Frau haben, aber das geht nicht.
   - Ⓑ Ralf würde nie eine reiche Frau heiraten.
   - Ⓒ Wenn Ralf keine reiche Frau findet, möchte er gar nicht heiraten.

Lektion 5

e) *Soziologen in Bielefeld haben eine Untersuchung über junge Paare gemacht.*
   - Ⓐ Junge Paare haben in Bielefeld Soziologen untersucht.
   - Ⓑ Soziologen in Bielefeld haben mit jungen Paaren gesprochen und sie nach ihrem Leben gefragt.
   - Ⓒ Soziologen in Bielefeld haben Paare gesucht, aber nicht gefunden.

f) *Ich fühle mich heute nicht sehr wohl.*
   - Ⓐ Es geht mir heute nicht sehr gut.
   - Ⓑ Ich bin heute sehr krank.
   - Ⓒ Ich finde mich heute nicht gut.

g) *Die Großfamilie ist tot.*
   - Ⓐ Es gibt heute keine richtigen Großfamilien mehr.
   - Ⓑ Unsere Großeltern sind gestorben.
   - Ⓒ Früher haben Großeltern, Eltern und Kinder zusammen gewohnt. Das gibt es heute nicht mehr.

h) *Kurt erzählt immer so langweilig. Ich kann ihm einfach nicht zuhören.*
   - Ⓐ Wenn Kurt erzählt, höre ich schlecht.
   - Ⓑ Wenn Kurt erzählt, denke ich an etwas anderes.
   - Ⓒ Ich finde es langweilig, Kurt zuzuhören.

B3 WS

10. Ergänzen Sie.

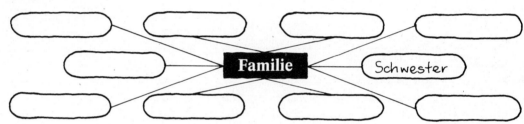

B3 WS

11. Welches Wort paßt wo? Ergänzen Sie.

| ausziehen | deutlich | allein | Wunsch | Sorge | anziehen | unbedingt | verschieden |
| aufpassen | damals | | Besuch | früh | hart | | schließlich |

a) Obwohl sie Schwestern sind, sehen beide sehr _____ aus.

b) Wir warten schon vier Stunden auf dich. Wir haben uns _____ gemacht. Warum hast du nicht angerufen?

c) Was kann ich Holger und Renate zur Hochzeit schenken? Haben sie einen besonderen _____?

d) Rainer und Nils sind Brüder, das sieht man sehr _____.

e) Vor hundert Jahren waren die Familien noch größer. _____ hatte man mehr Kinder.

f) Wenn ihre Mutter nicht zu Hause ist, muß Andrea auf ihren kleinen Bruder _____.

g) Michael ist erst vier Jahre alt, aber er kann sich schon alleine _____ und _____ .

h) Weil viele alte Leute wenig _____ bekommen, fühlen sie sich oft _____.

i) Ulrike bekam sehr _____ ein Kind, schon mit 17 Jahren. Zuerst konnten ihre Eltern das nicht verstehen, aber _____ haben sie ihr doch geholfen. Denn für Ulrike war die Zeit mit dem kleinen Kind am Anfang sehr _____.

j) Ulrike wollte schon als Schülerin _____ anders leben als ihre Eltern.

12. Im Gespräch verwendet man im Deutschen meistens das Perfekt und nicht das Präteritum. ‚Erzählen' Sie deshalb in dieser Übung von Adele, Ingeborg und Ulrike im Perfekt. Verwenden Sie das Präteritum nur für die Verben ‚sein', ‚haben', ‚dürfen', ‚sollen', ‚müssen', ‚wollen' und ‚können'.

B3
GR

a) Maria:
Marias Jugendzeit war sehr hart. Eigentlich hatte sie nie richtige Eltern. Als sie zwei Jahre alt war, ist ihr Vater gestorben. Ihre Mutter hat ihren Mann nie vergessen und hat mehr an ihn ...

b) Adele:
Adele hat als Kind ...

c) Ingeborg:

d) Ulrike:

13. Sagen Sie es anders.

B3
GR

a) Mein ältester Bruder hat ein neues Auto. Es ist schon kaputt.
Das neue Auto meines ältesten Bruders ist schon kaputt.
Ebenso:
b) Mein zweiter Mann hat eine sehr nette Mutter.
c) Meine neue Freundin hat eine Schwester. Die hat geheiratet.
d) Mein jüngstes Kind hat einen Freund. Leider ist er sehr laut.
e) Meine neuen Freunde haben vier Kinder. Sie gehen schon zur Schule.
f) Ich habe den alten Wagen verkauft, aber der Verkauf war sehr schwierig.
g) Das kleine Kind hat keine Mutter mehr. Sie ist vor zwei Jahren gestorben.
h) In der Hauptstraße ist eine neue Autowerkstatt. Der Chef ist mein Freund.
i) Die schwarzen Schuhe waren kaputt. Die Reparatur hat sehr lange gedauert.

Ihre Grammatik. Ergänzen Sie.

Nomi-nativ	der zweite Mann	die neue Freundin	das jüngste Kind	die neuen Freunde
Genitiv	die Mutter meines zweiten Mannes	die Schwester mein	der Freund mein	die Kinder mein

Nomi-nativ	der alte Wagen	die neue Werkstatt	das kleine Kind	die schwarzen Schuhe
Genitiv	der Verkauf d	der Chef d	die Mutter d	die Reparatur d

Lektion 5

B3
GR

14. Sagen Sie es anders.

a) Meine Eltern haben in Paris geheiratet. Da waren sie noch sehr jung.

Als meine Eltern in Paris geheiratet haben, waren sie noch sehr jung.

Ebenso:

b) Ich war sieben Jahre alt, da hat mir mein Vater einen Hund geschenkt.

c) Vor fünf Jahren hat meine Schwester ein Kind bekommen. Da war sie lange Zeit krank.

d) Sandra hat die Erwachsenen gestört. Trotzdem durfte sie im Zimmer bleiben.

e) Früher hatten seine Eltern oft Streit. Da war er noch ein Kind.

f) Früher war es abends nicht so langweilig. Da haben meine Großeltern noch gelebt.

g) Wir waren im Sommer in Spanien. Das Wetter war sehr schön.

B3
GR

15. Ein Vater erzählt von seinem Sohn. Was sagt er?

schwimmen lernen   vom Fahrrad fallen   ~~laufen lernen~~   sich ein Fahrrad wünschen   sich sehr für Politik interessieren

immer nur Unsinn machen   Briefmarken sammeln   heiraten   jeden Tag drei Stunden telefonieren   sich nicht gerne waschen

viel lesen

Als er ein Jahr alt war, hat er laufen gelernt.
Als er drei Jahre alt war, ...
...

B3
BD

16. Was können Sie auch sagen?

a) *Als Kind hatte ich nie Lust, früh schlafen zu gehen.*

🄰 Als Kind hatte ich nie Zeit, früh schlafen zu gehen.

🄱 Als Kind wollte ich nie früh schlafen gehen.

🄲 Als Kind sollte ich immer früh schlafen gehen.

b) *Mein Vater hat mir immer verboten zu tanzen.*

🄰 Mein Vater hat sich immer geärgert, wenn ich tanzen wollte.

🄱 Mein Vater hat immer Angst gehabt, wenn ich tanzen wollte.

🄲 Ich durfte nie tanzen. Mein Vater war dagegen.

c) *Ich habe oft vergessen, mein Zimmer aufzuräumen.*

🄰 Ich habe selten geholfen, mein Zimmer aufzuräumen.

🄱 Ich habe mich immer geärgert, daß ich mein Zimmer aufräumen mußte.

🄲 Ich habe oft nicht daran gedacht, mein Zimmer aufzuräumen.

d) *Ich freue mich, wenn man mir in der Küche hilft.*

🄰 Ich bin froh, wenn man mir in der Küche hilft.

🄱 Ich vergesse nie, wenn man mir in der Küche hilft.

🄲 Ich ärgere mich, wenn man mir in der Küche nicht hilft.

FAMILIENALBUM

Von Erich Rauschenbach

ICH FINDE, DU BESCHÄFTIGST DICH IN LETZTER ZEIT VIEL ZU WENIG MIT MIR!

JETZT MACH ABER MAL 'NEN PUNKT!

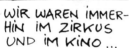

WIR WAREN IMMERHIN IM ZIRKUS UND IM KINO ...

...WIR WAREN IM SCHWIMMBAD UND HABEN ZWEI RADTOUREN GEMACHT...

UND HEUTE DIE DAMPFERFAHRT UND DER AUSFLUG? ZÄHLT DAS NICHT?

ALSO ICH FINDE, DAS ZÄHLT NICHT...

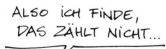

DAS MACHT **DIR** NÄMLICH AUCH ALLES SPASS!

Interview der Woche

Erinnern Sie sich noch an Ihren ersten Kuß?

● **Faschingszeit – tolle Zeit! Überall in München wird gefeiert. Man lernt neue Leute kennen und holt all das nach, was man das Jahr über versäumt hat. Denn beim Fasching ist (fast) alles erlaubt. Und natürlich darf geschmust werden. So manch einer erinnert sich – ob amüsiert oder wehmütig – an seine erste Liebe und an seinen ersten Kuß.**

Bärbel Rückert (40), Sekretärin: „Oh ja. Das war damals in Heidelberg. Ich habe ihn bei meinem Cousin kennegelernt. Dort haben wir uns immer getroffen. 16 Jahre war ich alt und noch sehr schüchtern. Ja, und meinen ersten Kuß habe ich dann auf einem Sommerfest bekommen, in der Gartenlaube, ganz romantisch. Heut geht sowas hopplahopp…"

Alois Steiger (43), Diplom-Kaufmann: „Mein Gott! Das ist ja schon ewig lang her, jedenfalls war's zur Faschingszeit, so wie jetzt. Das war so eine kleine Blonde, etwas jünger als ich. Helga hat sie geheißen. Ich war damals sehr aufgeregt. Was sie heute macht, weiß ich natürlich nicht mehr. Aber immerhin: Es hat damals zwei Jahre gehalten."

Reinhard Mentele (28), Chemotechniker: Erinnern Sie mich nicht daran! Ich war grad in die Schule gekommen. Dort hab' ich mich dann in ein gleichaltriges Mädchen verliebt. Ich hab' sie einfach im Treppenhaus geküßt. Danach ist sie weggelaufen zu den anderen im Hof und hat gerufen: ‚Der hat mich geküßt!' Das war mir so peinlich.

Hella Lieschke (65), Rentnerin: „Meinen ersten Kuß habe ich auf einem Spaziergang am Bodensee bekommen. Ich war damals 18. Er hat mich natürlich geküßt, nicht ich ihn. Das war damals ja ganz anders als heute. Er war Kellner in einem Lokal am See. Dort haben wir uns kennengelernt. Zwei Jahre lang war ich mit ihm zusammen. Ich hab' ihn nie wiedergesehen."

Miteinander reden

Du…
Hey Du…
Dich meine ich.
Ich finde…
Ich finde, man sollte wieder mehr miteinander reden.
Mmmh?…
Nun?…
Richtig ist es auf jeden Fall.
Mmmmmh…
Was ist?…

Eine sehr gute Idee.
Dann…bis dann.
Mmmh…
——
————

Ja?…
Was ist denn?
Ja?…

Mmmh…
Das finde ich auch…
Mmmmh…

Ja sicher.
——
Ich finde, wir sollten das erst mit unseren Leuten besprechen.
Ja…
Ja…bis dann.
Mmmh…
——
Du…

Bertolt Brecht

Wenn Herr K. einen Menschen liebte

„Was tun Sie", wurde Herr K. gefragt, „wenn Sie einen Menschen lieben?" „Ich mache einen Entwurf von ihm", sagte Herr K., „und sorge, daß er ihm ähnlich wird." „Wer? Der Entwurf?" „Nein", sagte Herr K., „der Mensch".

Wie hast du das gemacht: einfach weggehen, du, eine Mutter von drei Kindern?" fragen sie alle Freunde und Verwandten. Heike Borchers, 41, antwortet Ihnen: „Ich konnte es, weil ich nach 16 Jahren Ehe wieder an mich gedacht habe, nicht nur an meine Kinder, meinen Mann und meine Familie."

Frauen um vierzig denken heute mehr an sich selbst, und die Ehemänner haben deshalb oft Angst vor Scheidung.

Jutta Weigert, 44, aus Frankfurt meint: „Ich war für meinen Mann nur eine Waschmaschine, und für meine Söhne war ich nur Kindermädchen. Seit einem Jahr weiß ich wieder, was ich wirklich bin: eine Frau. Ich lebe mit einem Mann zusammen, der mich wirklich liebt."

„Ich weiß wieder, was ich wirklich bin: eine Frau."

Maria Meneburg, 38, auch aus Frankfurt, 14 Jahre verheiratet mit einem Rechtsanwalt, zwei Kinder, 12 und 14, hat Mann und Kinder wegen eines „langhaarigen Spinners" verlassen. So nennt ihr Mann ihren neuen Freund. Er heißt Felix, ist erst 25 Jahre alt und studiert noch. „Felix findet mich attraktiv… mich!", sagt Maria Meneburg. Sie ist glücklich, obwohl sie jetzt als Verkäuferin arbeiten muß, damit sie beide leben können.

Das zweite Leben der Frau um 40 beginnt – wie Heike Borchers meint – wenn die Kinder selbständig sind und man mit ihnen vernünftig reden kann. Frau Borchers lebt seit zwei Jahren bei ihrem Geliebten in Hannover, ihre drei Kinder sind beim Vater im Hamburger Reihenhaus geblieben. Jeden Monat muß sie deshalb 710 Mark an ihren geschiedenen Mann zahlen. Frau Borchers arbeitet als Sekretärin. „War das Ende Ihrer Ehe nicht sehr traurig?" fragten wir sie. „Ja, sehr. Als ich wegging, bin ich

Heike Borchers (41) mit ihrem neuen Freund. Sie erklärte ihren Kindern die neue Liebe.

…da verließ ich Mann und drei Kinder

Darf eine Frau das – ihre drei Kinder verlassen, weil die Liebe sie zu einem anderen Mann zieht?

nochmal durchs Haus gegangen. Es hatte ziemlich viel Geld gekostet, und wir mußten beide sehr hart dafür arbeiten. Das alles war aber alt, zu Ende, war mein altes Leben. Ich war verliebt, ich war neu."

„Ich hab' den Kindern erklärt, warum ich den neuen Mann liebe und nicht mehr ihren Papi."

„Aber ihre Kinder, was sagten die?" Die waren viel praktischer, als man glaubt. Lange bevor ich zu Hause ausgezogen bin, haben sie meinen neuen Freund kennengelernt. Ich hab' ihnen erklärt, warum ich den neuen Mann liebe und nicht mehr ihren Papi. Ich hab' zu meiner Tochter Birgit gesagt: ‚Du und deine Freundin Monika, ihr wart mal die besten Freundinnen, und jetzt seid ihr es nicht mehr.' Das hat sie verstanden. Als die Kinder klein waren, hatten wir ein normales Familienleben, aber keine Ehe. Jeder Tag war eigentlich gleich. Mein Mann kam aus dem Büro, essen, vor dem Fernseher einschlafen. Dann waren die Kinder groß, brauchten mich nicht mehr wie früher, da bin ich aufgewacht."

„Mein alter Mann will nicht mehr richtig leben."

„Was hat der Neue, was Ihr Mann nicht hat?" „Ganz einfach: Er liebt mich, und ich liebe ihn. Mein alter Mann will nicht mehr wirklich leben. Er hat alles, was er braucht – sein Haus, seine Ruhe. Ich hab' meinen Freund auf Sylt kennengelernt, ich war zum erstenmal nach 16 Jahren allein in Urlaub gefahren. Sie fragen mich, was der Neue hat? Als erstes hat er mir geholfen, 15 Kilo leichter zu werden. Ich zeige immer ein Photo von früher, wenn mich jemand fragt, warum ich Mann und Kinder verlassen habe. Dieses Photo ist die Antwort."

Lektion 6

B1
WS

1. Ergänzen Sie.

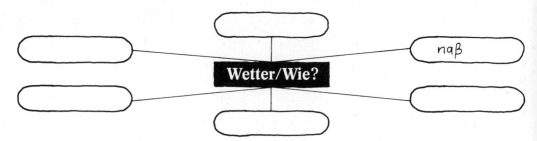

Wetter/Wie?

naß

B1
WS

2. Was paßt? Ergänzen Sie.

a) Schnee: *kalt*

b) Nebel: _____, _____

c) Sonne: _____, _____, _____

d) Regen: _____, _____

e) Eis: _____

f) Wind: _____, _____, _____

B1
WS

3. Ordnen Sie.

Landschaft/Natur	Wetter

Tiere   Gewitter   Blume   Wolke   Boden   Nebel   Wasser
Regen   Wind   Schnee   Sonne   Meer
Pflanze   Berg   See   Fluß
Grad   Klima   Strand   Eis   Park   Baum

B1
WS

4. Ergänzen Sie.

No

5. Ergänzen Sie.

a) Juni, Juli, August =

_____

b) September, Oktober, November =

_____

c) Dezember, Januar, Februar =

_____

d) März, April, Mai =

_____

B1
WS

6. Ergänzen Sie.

spät am Abend   früh am Morgen   am Nachmittag   am Mittag   in zwei Tagen
    vor zwei Tagen

a) vorgestern – _____

b) spät abends – _____

c) mittags – _____

d) übermorgen – _____

e) früh morgens – _____

f) nachmittags – _____

7. Was paßt?

B1
WS

| am frühen Nachmittag | am späten Nachmittag | früh morgens | gegen Mittag |
| früh abends | am frühen Vormittag | spät abends | gegen Abend |

a) 11.42 Uhr – _gegen Mittag_   e) 17.05 Uhr – _____

b) 18.30 Uhr – _____   f)   6.28 Uhr – _____

c) 23.10 Uhr – _____   g)   8.15 Uhr – _____

d) 13.34 Uhr – _____   h) 18.05 Uhr – _____

8. Ergänzen Sie.

B1
WS

Heute ist Sonntag. Dann ist (war)

a) gestern mittag: _Samstag mittag_   d) morgen abend: _____

b) vorgestern mittag: _____   e) morgen nachmittag: _____

c) übermorgen abend: _____   f)   gestern morgen: _____

9. Sagen Sie es anders. Verwenden Sie die folgenden Wörter:

B1
GR

| es gibt | es schneit | es geht | es regnet | es klappt |

a) Man kann heute nicht segeln. Der Regen ist zu stark.
     Man kann heute nicht segeln. Es regnet zu stark.
     Ebenso:

b) Das feuchte Wetter macht ihn krank. Er fühlt sich nicht gut.

c) Petra kann ihre Schwester heute nicht besuchen, weil sie länger arbeiten muß. Vielleicht kann sie morgen.

d) Wir können am Wochenende Ski fahren. In den Alpen liegt genug Schnee.

e) Der Regen hat aufgehört. Wir können jetzt schwimmen gehen.

f) Morgen nachmittag kann ich leider nicht, da muß ich in die Schule gehen.

g) Können Sie bis morgen fertig sein? Ich brauche den Wagen unbedingt.

h) Meine Freundin kommt aus Bombay. Dort kennt man keinen Schnee.

10. Die Pronomen ‚er‘, ‚sie‘ und ‚es‘ bedeuten in einem Text gewöhnlich ganz bestimmte Sachen, zum Beispiel ‚der Film‘ = ‚er‘, ‚die Rechnung‘ = ‚sie‘ oder ‚das Hotel‘ = ‚es‘. Das Pronomen ‚es‘ kann aber auch eine allgemeine Sache bedeuten, zum Beispiel ‚Es ist sehr kalt hier.‘ oder ‚Es schmeckt sehr gut.‘ Ergänzen Sie in den folgenden Sätzen die Pronomen ‚er‘, ‚sie‘ und ‚es‘ oder das allgemeine Pronomen ‚es‘.

B1
GR

a) Wie hast du die Suppe gemacht? _Sie_ schmeckt ausgezeichnet.

b) Dein Mann kocht wirklich sehr gut. _Es_ schmeckt phantastisch.

c) Seit drei Tagen nehme ich Tabletten. Trotzdem tut _____ noch sehr weh.

d) Ich kann seit drei Tagen mit dem rechten Arm nicht arbeiten. _____ tut sehr weh.

e) Ich habe die Rechnung geprüft. _____ stimmt ganz genau.

f) Du kannst mir glauben, _____ stimmt ganz genau.

g) Sie brauchen keinen Schlüssel. _____ ist immer auf.

Lektion 6

h) Es gibt keinen Schlüssel für diese Tür. _____ ist immer auf.

i) Morgen kann ich kommen. _____ paßt mir sehr gut.

j) Dieser Termin ist sehr günstig. _____ paßt mir sehr gut.

k) Der Spiegel war nicht teuer. _____ hat nur 14,– DM gekostet.

l) Ich habe nicht viel bezahlt. _____ hat nur 14,– DM gekostet.

m) Können Sie bitte warten? _____ dauert nur noch 10 Minuten.

n) Der Film ist gleich zu Ende. _____ dauert nur noch 10 Minuten.

B1
GR

11. Schreiben Sie.

a) Andrew Stevens aus England
   – schreibt an seinen Freund John
   – arbeitet seit 6 Monaten in München
   – Wetter: Föhn oft schlimm
   – Kopfschmerzen bekommen
   – nicht in die Firma gehen können
   – sich auf England freuen

Schreiben Sie auch zwei Karten.

Verwenden Sie die Wörter
,hier', ,so . . . daß', ,dann' und
,deshalb'.

> Lieber John,
> ich bin jetzt seit sechs Monaten in München. Hier ist der Föhn oft so schlimm, daß ich starke Kopfschmerzen bekomme. Dann kann ich nicht in die Firma gehen. Deshalb freue ich mich, wenn ich wieder zu Hause in England bin.
>
> Viele Grüße
> Dein Andrew

b) Herminda Victoria aus Mexiko
   – schreibt an ihre Mutter
   – studiert seit 8 Wochen in Bielefeld
   – Wetter: kalt und feucht
   – ist oft stark erkältet
   – muß viele Medikamente nehmen
   – fährt in den Semesterferien zwei Monate nach Spanien

c) Benno Harms aus Gelsenkirchen
   – schreibt an seinen Freund Kurt
   – ist Lehrer an einer Technikerschule in Bombay
   – Klima: feucht und heiß
   – bekommt oft Fieber
   – kann oft nichts essen und nicht arbeiten
   – möchte wieder zu Hause arbeiten

B1
BD

12. Was können Sie auch sagen?

a) *Ich muß heute mit meiner Tochter einen Schneemann machen. Das habe ich ihr versprochen.*

   Ⓐ Ich spreche heute mit ihr über den Schneemann.

   Ⓑ Ich habe ihr gesagt, daß wir heute ganz bestimmt einen Schneemann machen.

   Ⓒ Ich mache heute mit ihr vielleicht einen Schneemann.

b) *So spät abends gibt es keinen Wetterbericht mehr.*

   Ⓐ Den Wetterbericht gibt es abends immer sehr spät.

   Ⓑ Wenn es schon sehr spät abends ist, gibt es keinen Wetterbericht mehr.

   Ⓒ Es ist noch früh. Der Wetterbericht kommt erst spät abends.

c) *Der Regen hört allmählich auf.*
  🄰 Ich kann den Regen schon hören.
  🄱 Es regnet nicht mehr.
  🄲 Der Regen hört langsam auf.

d) *Wir haben hier ein ziemlich trockenes Klima.*
  🄰 Hier ist es nicht oft trocken.
  🄱 Hier regnet es sehr wenig.
  🄲 Wir kennen keinen Regen.

e) *Ich war heute noch nicht draußen.*
  🄰 Ich war heute noch nicht vor der Tür.
  🄱 Ich bin heute noch nicht gelaufen.
  🄲 Ich muß zu Hause bleiben.

f) *Du kannst die Hose nicht anziehen. Sie ist noch feucht.*
  🄰 Die Hose ist noch nicht ganz trocken.
  🄱 Die Hose ist naß.
  🄲 Die Hose ist ziemlich kühl.

13. Schreiben Sie einen Dialog.

B1
BD

> Weil wir doch morgen meine Eltern besuchen.
> Da muß das Auto doch sauber sein.
>
> Meinetwegen, wenn du unbedingt eine Erkältung bekommen willst.
>
> Das glaube ich nicht.
>
> Trotzdem, ich wasche jetzt das Auto.
> Der Regen macht mir nichts.
>
> ~~Was willst du denn jetzt machen?~~
>
> Warum das denn?
>
> Dann wasch es lieber später.
> Es regnet gleich.
>
> Das Auto waschen.
>
> Doch, schau doch mal die schwarzen Wolken an.

○ <u>Was willst du denn jetzt machen?</u> _____
□ _____
○ _____
□ _____
○ _____
□ _____
○ _____
□ _____
○ _____
□ _____
○ _____

Lektion 6

B2/3
WS

14. Was paßt wo? Ordnen Sie.

selten	nie	~~im Winter~~	bald	nachts	ein paar Minuten	kurze Zeit	oft

selten   nie   ~~im Winter~~   bald   nachts   ein paar Minuten   kurze Zeit   oft
vorige Woche   den ganzen Tag   einige Jahre   damals   vorgestern   jetzt   früher
letzten Monat   am Abend   nächstes Jahr   immer   früh morgens   heute   sofort
jeden Tag   gegen Mittag   gleich   um 8 Uhr   am Nachmittag   wenige Monate   nachher
heute abend   diesen Monat   fünf Stunden   am frühen Nachmittag   meistens

Wann?	Wie oft?	Wie lange?
im Winter		

B2/3
GR

15. Ihre Grammatik. Ergänzen Sie die Zeitangaben im Akkusativ.

der Monat	die Woche	das Jahr
den ganz*en* Monat	die ganz____ Woche	das ganz____ Jahr
letzt____ Monat	letzt____ Woche	letzt____ Jahr
vorig____ Monat	vorig____ Woche	vorig____ Jahr
nächst____ Monat	nächst____ Woche	nächst____ Jahr
jed____ Monat	jed____ Woche	jed____ Jahr
dies____ Monat	dies____ Woche	dies____ Jahr

B2/3
GR

16. Wann ist das? Wann war das? Schreiben Sie.

Heute ist der 13. Oktober 1984.

a) November 1984? *nächsten Monat*
b) 1985? _____
c) 20. Oktober 1984? _____

d) 1983? _____
e) September 1984? _____
f) 15. Oktober 1984? _____

17. Wo möchten die Leute wohnen/leben? Schreiben Sie.

B2/3
GR

a)

Ich möchte an einem See wohnen, ...

. . . nicht sehr tief ist. (1)
. . . nur wenig Leute kennen. (2)
. . . man segeln kann. (3)
. . . man gut schwimmen kann. (4)

. . . Wasser warm ist. (5)
. . . es viele Fische gibt. (6)
. . . es keine Hotels gibt. (7)
. . . es mittags immer Wind gibt. (8)

b)

Ich möchte auf einer Insel leben, ...

. . . ganz allein im Meer liegt
. . . keinen Flughafen hat.
. . . nur wenig Menschen wohnen.
. . . es keine Industrie gibt.

. . . man nur mit einem Schiff kommen kann.
. . . Strand weiß und warm ist.
. . . es noch keinen Namen gibt.
. . . immer die Sonne scheint.

c)

Ich möchte in einem Land leben, ...

. . . schöne Landschaften hat.
. . . das Klima trocken und warm ist.
. . . Sprache ich gut verstehe.
. . . die Luft noch sauber ist.

. . . man keinen Regenschirm braucht.
. . . sich alle Leute wohl fühlen.
. . . man immer interessant findet.
. . . Leute freundlich sind.

d)

Ich möchte in Städten wohnen, ...

. . . viele Parks haben.
. . . Straßen nicht so groß sind.
. . . noch Straßenbahnen haben.
. . . ein großer Fluß fließt.

. . . viele Brücken haben.
. . . man nachts ohne Angst spazierengehen kann.
. . . sich die Touristen nicht interessieren.
. . . man sich frei fühlt.

an dem	auf dem	über der	deren	dessen	den	für die
durch die	zu der		in denen		in dem	
für das	auf der	denen		die	der	das

a) Ich möchte an einem See wohnen, der nicht sehr tief ist.
, den nur wenig Leute kennen.
, auf

Lektion 6

Ebenso b–d

b) _____
_____
_____
_____
_____
_____
_____
_____

c) _____
_____
_____
_____
_____
_____
_____

d) _____
_____
_____
_____
_____
_____
_____

Ihre Grammatik: Ergänzen Sie die Sätze (1)–(8) aus a).

	Inversions-signal	Subjekt	Verb	Subjekt	unb. obl. Ergänzung	Angabe	obligator. Ergänzung	Verb
1		Ich	möchte				an einem See	wohnen,
2								
3								
4								
5								
6								
7								
8								

18. Ergänzen Sie ‚zum Schluß‘, ‚deshalb‘, ‚denn‘, ‚also‘, ‚dann‘, ‚übrigens‘, ‚und‘, ‚da‘, ‚trotzdem‘ und ‚aber‘.

B2/3
GR

Warum nur Sommerurlaub an der Nordsee?

Auch der Herbst ist schön. Es ist richtig, daß der Sommer an der Nordsee besonders schön ist. _____ kennen Sie auch schon den Herbst bei uns? _____ gibt es sicher weniger Sonne, und baden können Sie auch nicht. _____ gibt es nicht so viel Regen, wie Sie vielleicht glauben. Natur und Landschaft gehören Ihnen im Herbst ganz allein, _____ die meisten Feriengäste sind jetzt wieder zu Hause. Sie treffen _____ am Strand nur noch wenige Leute, _____ in den Restaurants und Hotels haben die Bedienungen wieder viel Zeit für Sie. Machen Sie _____ auch einmal Herbsturlaub an der Nordsee. _____ sind Hotels und Pensionen in dieser Zeit besonders preiswert. _____ noch ein Tip: Herbst bedeutet natürlich auch Wind. _____ sollten Sie warme Kleidung nicht vergessen.

19. Was können Sie auch sagen?

B2/3
BD

a) *Was ist los mit den Bäumen?*
- Ⓐ Was haben die Bäume?
- Ⓑ Was machen die Bäume?
- Ⓒ Was passiert mit den Bäumen?

b) *Das Wasser ist giftig.*
- Ⓐ Es ist gefährlich, das Wasser zu trinken.
- Ⓑ Es ist Gift im Wasser.
- Ⓒ Das Wasser hat eine Krankheit.

c) *Kalte Polarluft bestimmt das Wetter morgen.*
- Ⓐ Morgen kann man das Wetter nicht bestimmen.
- Ⓑ Die Luft am Nordpol ist bestimmt kalt.
- Ⓒ Luft vom Nordpol macht das Wetter morgen kälter.

d) *Was ist die Ursache dieser Krankheit?*
- Ⓐ Wie heißt diese Krankheit?
- Ⓑ Woher kommt diese Krankheit?
- Ⓒ Wie kann man diese Krankheit erklären?

e) *Bleiben Sie auf den Waldwegen!*
- Ⓐ Gehen Sie im Wald nicht weg!
- Ⓑ Laufen Sie im Wald nur auf den Wegen!
- Ⓒ Benutzen Sie im Wald nur die Wege.

f) *Was der Wetterbericht schon sagt...!*
- Ⓐ Dem Wetterbericht kann man doch nicht glauben!
- Ⓑ Der Wetterbericht hat schon recht!
- Ⓒ Der Wetterbericht ist doch langweilig!

Bio-Kost ist teurer,
aber nicht
unbedingt besser

Dasselbe in Grün?

Die Westdeutschen sind auf dem Bio-Trip: Für chemiefreies Obst und Gemüse, für biologisches Vollkornbrot aus dem Steinofen und für Bio-Frischeier von frei lebenden Hühnern zahlen sie fast doppelt so hohe Preise wie für normale Kost. Die Angst vor dem „Gift auf dem Tisch" hat gute Gründe – aber ist die Ware aus den Bio-Läden wirklich gesünder, und ist sie auch wirklich frei von Gift?

Aus deutschen Landen –
frisch auf den Tisch!

Gegen Mittag klingelt in „Heidis neuem Reformhaus" in Frankfurt die Kasse. Viele Büroangestellte und Studenten holen ihren Mittagsimbiß aus Heidis Bio-Laden: Schrotbrötchen, Bio-Quark mit Rosinen und ohne Fabrikzucker oder Bio-Kekse. Ihnen schmeckt die „Chemie-Kost" aus den Großküchen nicht mehr. Heidi ist zufrieden, das Geschäft geht nicht nur mittags ausgezeichnet. „Naturkost für ihre Gesundheit" heißt der Werbespruch von Heidi Mangolds, 40.

Ihr gehört eins der über 2000 Reformhäuser und Bio-Läden in der Bundesrepublik, deren Zahl jedes

Jahr wächst. Denn trotz der viel höheren Preise für Bio-Lebensmittel kaufen immer mehr Bundesdeutsche in den Naturkostläden. Sie sind überzeugt, daß Bio-Kost gesünder ist und keine chemischen Gifte enthält. Stimmt das wirklich? Auf diese Frage antwortete eine Reformhaus-Chefin: „Die Garantie gibt uns kein Bauer. Wir bekommen nichts schriftlich." Der Stuttgarter Lebensmittelchemiker Prof. Hans Jürgen Holtmeier meint: „Die hohen Preise sind der einzige Unterschied zu den anderen landwirtschaftlichen Produkten." Wir wollten es genauer wissen und haben deshalb untersuchen

lassen, wieviel Chemie in Gemüse und Obst aus normalen und biologischen Läden ist. Das Ergebnis zeigt die Graphik auf der folgenden Seite. Gemüse und Obst aus normalen Läden enthalten zwar etwas mehr „Giftstoffe", aber diese Mengen sind ungefährlich. Auch unsere Untersuchung konnte also nicht beweisen, daß Bio-Gemüse und Bio-Obst gesünder sind. Vielleicht wären die Bio-Produkte besser, wenn man sie genauer kontrollieren würde. Aber das ist sehr schwer, denn viele Bio-Produkte müssen aus dem Ausland importiert werden, weil die deutschen Bio-Bauern nicht genug pro-

duzieren können. Doch es ist auch nicht sicher, daß die deutschen Bio-Produkte giftfrei sind. Auch für Nahrungsmittel, die in der Bundesrepublik Deutschland produziert worden sind, gibt es nämlich keine verbindlichen „Bio-Normen". Kein Gesetz sagt, wie viele Milligramm Orthophenylphenol auf einer Zitrone sein dürfen, wenn sie als Bio-Zitrone verkauft werden soll. Gesetzlich festgelegt sind nur die Höchstwerte für Giftreste, bis zu denen Obst und Gemüse überhaupt verkauft werden darf.

Vielleicht ist die Bio-Kost für den Menschen nicht gesünder, aber biologische Produktion ist bestimmt besser für den Boden und die Tiere. Denn die moderne industrielle Landwirtschaft verlangt große Flächen und macht so die natürliche Landschaft kaputt, die viele wilde Tiere und Pflanzen zum Leben brauchen. Die chemischen Pflanzenschutzmittel töten viele Insekten, die wichtigste Nahrungsquelle für die meisten Vogelarten, und die chemischen Kunstdünger sind schon jetzt eine Gefahr für unser Trinkwasser. Allein deshalb brauchen wir mehr Bio-Bauern. Die Warnung der Industrie, daß Bio-Bauern ohne Kunstdünger nicht genug produzieren würden, muß uns nicht stören. Denn das Problem in Europa ist doch gerade die Überproduktion von Lebensmitteln, die niemand essen kann und die doch mit unseren Steuern bezahlt werden.

GIFTFREIHEIT ERWARTET

Rückstände von Pflanzenschutzmitteln* auf Obst und Gemüse in Milligramm je Kilogramm Ware; Angaben in Klammern = erlaubte Höchstmengen

Ware aus „biologischem" Laden

	Ware	Herkunftsland	Pflanzenschutzmittel
B1	Golden Delicious	–	n.n. = nicht nachweisbar
B2	Renetten	I	n.n.
B3	Orangen	–	n.n.
B4	Golden Delicious	F	0,1 (2,0) Dithiocarbamate
B5	Roter Delicious	F	0,05 (0,2) Dithiocarbamate
B6	Tomaten	F	n.n.
B7	Süßkirschen	F	n.n.
B8	Kopfsalat	D	n.n.
B9	Möhren	–	n.n.
B10	Salatgurke	–	n.n.
B11	Kopfsalat	–	n.n.
B12	Zitronen	–	n.n.
B13	Glockenapfel	D	0,6 (2,0) Dithiocarbamate 0,03 (1,5) Bromophos
B14	Delicious	D	0,02 (1,5) Bromophos
B15	Kopfsalat	–	n.n.
B16	Orangen	I	n.n.

Ware aus herkömmlichem Laden

	Ware	Herkunftsland	Pflanzenschutzmittel
N1	Golden Delicious	–	0,10 (2,0) Dithiocarbamate
N2	Roter Delicious	RCH	0,28 (0,5) Parathion 0,40 (0,1) Ethion
N3	Orangen ***	–	Orthophenylphenol 0,25 (2,0) Methidathion
N4	Golden Delicious	F	0,10 (1,5) Dimethoat 0,25 (2,0) Phosalon
N5	Starking (Apfel)	ZA	n.n.
N6	Tomaten	NL	n.n.
N7	Kirschen	F	n.n.
N8	Kopfsalat	NL	0,17 (0,3) Quintozen
N9	Möhren	I	n.n.
N10	Gurken	NL	n.n.
N11	Kopfsalat	–	n.n.
N12	Zitronen **	E	Orthophenylphenol
N13	Granny Smith	RA	0,05 (0,1) Ethion
N14	Golden Delicious	–	n.n.
N15	Kopfsalat	D	n.n.
N16	Zitronen **	E	Orthophenylphenol

* einschl. Oberflächen-Behandlungsmittel bei Zitrusfrüchten
** als „unbehandelt" deklariert
*** nicht eindeutig als „unbehandelt" deklariert

Herkunftsländer: I = Italien, F = Frankreich, RCH = Chile, ZA = Südafrika, NL = Niederlande, E = Spanien, RA = Argentinien, D = Deutschland, – = Herkunftsland nicht erkennbar

Angebot von Bio-Gemüse (in Göppingen)

Pestizid-Ausbringung auf Jungpflanzung

Lektion 7

B1
WS

1. Was paßt nicht?

a) Handtuch – Wolldecke – Pflaster – Bettuch
b) Visum – Paß – Ausweis – Fahrplan
c) Bleistift – Schlüssel – Schreibmaschine – Kugelschreiber
d) Salz – Topf – Dose – Glas
e) Metall – Seife – Plastik – Wolle
f) Schnaps – Bier – Milch – Wein
g) Seife – Zahnpasta – Medikament – Zahnbürste
h) Paß – Krankenschein – Ausweis – Visum
i) Licht – Öl – Gas – Benzin
j) Apotheke – Versicherung – Medikamente – Pflaster
k) Bett – Bettuch – Decke – Zimmer

B1
WS

2. Was paßt zusammen? Ergänzen Sie.

| Schirm | Versicherung | Hotelzimmer | Auto | Koffer | Hemd | Haus | Gas | Heizung |
| Grenze | Ofen | Flasche Schnaps | Tasche | Radio | Telefonbuch | Motor | ... |

(Suchen Sie noch mehr Wörter.)

a) das Licht ⟩ ausmachen   b) das Fenster ⟩ zumachen   c) die Tür ⟩ abschließen

...   .

B1
WS

3. Welche Wörter kennen Sie? Vergleichen Sie den Schlüssel zu dieser Übung.

ab	-arbeiten	-passen
an	-bilden	-räumen
auf	-bringen	-rufen
aus	-fahren	-schauen
ein	-fangen	-schlafen
mit	-geben	-schlagen
vor	-gehen	-schleppen
zu	-hängen	-schließen
	-holen	-schreiben
	-hören	-sehen
	-kaufen	-singen
	-kommen	-spielen
	-laden	-stehen
	-machen	-stellen
	-nehmen	-wählen
	-packen	-ziehen

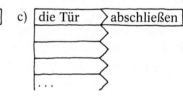

abfahren
anfangen
...

78

4. Sagen Sie es anders.

B1
GR

a) Eva darf nie im Büro telefonieren. Ihr Chef will das nicht.

Ihr Chef läßt sie nie telefonieren.

Ebenso:

b) Charlotte möchte gern allein Urlaub machen, aber ihre Eltern verbieten es.
c) Herr Traber kocht sehr gern, aber seine Frau macht das Essen lieber selbst.
d) Rolf möchte aufs Gymnasium gehen. Seine Mutter ist einverstanden.
e) Herr Moser geht zum Tierarzt. Dort wird seine Katze geimpft.
f) Die Autowerkstatt hat heute viele Kunden. Ich muß lange warten.
g) Familie Behrens hat einen Hund. Gisela darf mit ihm spielen.
h) Ingrid hat keine Zeit, ihre Wäsche zu waschen. Sie bringt sie in die Reinigung.
i) Heinz will schlafen, aber Herbert stört ihn immer.
j) Herr Siemens fährt nicht gern Auto. Er findet es besser, wenn seine Frau fährt.
k) Fritz trinkt gern Kaffee, aber seine Eltern finden das ungesund.
l) Werner repariert sein Auto nicht selbst. Er bringt es in die Werkstatt.

5. Ergänzen Sie ‚nicht‘, ‚–‘, ‚kein(e)(n)‘, ‚ein(e)(n)‘, ‚nichts‘.

B1
GR

a) Auf dem Mond braucht man _____ Kompaß.

_____ Reiseschecks kann man dort _____ verwenden.

Und mit _____ Streichhölzern kann man auch _____ machen.

b) Auf einer Insel kann man bestimmt _____ Telefonbuch gebrauchen.

_____ Schnaps sollte man besser _____ mitnehmen.

Auch _____ Papier kann man _____ zu Hause lassen.

Und _____ grüne Versicherungskarte ist auf einer Insel _____ wichtig.

c) In der Sahara gibt es _____ Regen.

_____ Schirm braucht man dort _____.

Dort braucht man Wasser und einen Kompaß, sonst _____.

6. Sagen Sie es anders.

B1
GR

a) Wenn man waschen will, braucht man Wasser.

Zum Waschen braucht man Wasser.

Ebenso:

b) Wenn man kochen will, braucht man meistens Salz und Pfeffer.
c) Wenn man Ski fahren will, braucht man Schnee.
d) Wenn man schreiben will, braucht man Papier und einen Kugelschreiber.
f) Wenn man fotografieren will, braucht man einen Fotoapparat und einen Film.
g) Wenn man tanken muß, muß man zur Tankstelle fahren.
h) Wenn man telefonieren muß, muß man oft ein Telefonbuch haben.
i) Wenn man schlafen will, nimmt man am besten eine Wolldecke.
j) Wenn man lesen will, sollte man gutes Licht haben.
k) Wenn man etwas reparieren muß, braucht man gutes Werkzeug.
l) Wenn man wandern möchte, sollte man gute Schuhe haben.

Lektion 7

B1
GR

7. Ihre Grammatik: Ergänzen Sie.

a) Frau Meier läßt ihren Mann heute kochen.

b) Sie läßt morgen die Katze impfen.

c) Herr Meier läßt die Bremsen prüfen.

d) Seine Frau läßt er nie das Auto fahren.

e) Laß mich doch die Fahrpläne besorgen.

f) Lassen Sie meinen Freund bitte Gitarre spielen.

	Invers.-signal	Subjekt	Verb	Subjekt	unbetonte Ergänzung	Angabe	obligatorische Ergänzung	Verb
a)		Frau Meier	läßt		ihren Mann	heute		kochen.
b)								
c)								
d)								
e)								
f)								

B1
BD

8. ‚Lassen' hat drei wichtige Bedeutungen.

A. Mein Chef läßt mich manchmal seinen Wagen fahren, aber er läßt mich nie zur Bank gehen.
   (Mein Chef ist einverstanden, daß ich manchmal seinen Wagen fahre, aber er verbietet,
   daß ich zur Bank gehe. ‚lassen' = erlauben; ‚nicht lassen' = verbieten)

B. Ich lasse morgen den Hund untersuchen.
   (Ich kann den Hund nicht selbst untersuchen; das soll/muß der Tierarzt machen.
   ‚lassen' = eine andere Person soll/muß etwas machen)

C. Laß mich die Wohnung aufräumen, dann kannst du ins Kino gehen.
   (Ich will gern für dich die Wohnung aufräumen.
   ‚lassen' = man will etwas für eine andere Person machen)

Welche Bedeutung (A, B oder C) hat ‚lassen' in den folgenden Sätzen?

	A	B	C
1	✕		
2			
3			
4			
5			
6			
7			
8			
9			
10			

1. Ich lasse dich nicht allein ins Theater gehen.
2. Wie lange lassen Sie Ihre Tochter abends weggehen?
3. Wo lassen Sie Ihr Auto reparieren?
4. Lassen Sie mich doch den Brief schreiben, wenn Sie müde sind.
5. Du mußt dir unbedingt die Haare schneiden lassen.
6. Läßt du mich mal telefonieren?
7. Warum läßt du mich nicht die Suppe kochen? In der Zeit kannst du den Brief schreiben.
8. Ich möchte die Bremsen prüfen lassen.
9. Laß meinen Freund doch Gitarre spielen. Er stört uns doch nicht.
10. Heute denkt man nicht mehr selbst. Man läßt denken!

9. Was können Sie auch sagen?

a) *Ich würde Benzin mitnehmen.*
- Ⓐ Ich lasse Benzin mitnehmen.
- Ⓑ Ich schlage vor, Benzin mitzunehmen.
- Ⓒ Mir fehlt Benzin.

b) *Meinetwegen nehmen wir eine Wolldecke mit.*
- Ⓐ Wir können eine Wolldecke mitnehmen oder nicht. Das ist mir egal.
- Ⓑ Die Wolldecke ist einverstanden, daß wir sie mitnehmen.
- Ⓒ Wir nehmen lieber eine Wolldecke mit.

c) *Ich bin dafür, einen Gasofen mitzunehmen.*
- Ⓐ Ich bin nicht dagegen, einen Gasofen mitzunehmen.
- Ⓑ Ich finde, daß wir einen Gasofen mitnehmen sollten.
- Ⓒ Wir nehmen einen Gasofen mit; da bin ich sicher.

d) *Ich bin dagegen, Schnaps einzupacken.*
- Ⓐ Ich finde es falsch, Schnaps einzupacken.
- Ⓑ Schnaps darf man nicht einpacken.
- Ⓒ Pack den Schnaps aus!

e) *Es ist besser, einen Schirm mitzunehmen.*
- Ⓐ Einen Schirm braucht man zum Mitnehmen.
- Ⓑ Wir nehmen einen besseren Schirm mit.
- Ⓒ Wir nehmen lieber einen Schirm mit.

f) *Es ist notwendig, Medikamente zu haben.*
- Ⓐ Man muß unbedingt Medikamente haben.
- Ⓑ Man muß notwendige Medikamente haben.
- Ⓒ Es ist unwichtig, Medikamente zu haben.

10. Herr Schulz will mit seiner Familie verreisen. Am Tag vor der Reise hat er noch viel zu tun.

Zuerst geht Herr Schulz zum Rathaus. Dort werden die Pässe und die Kinderausweise verlängert. Dann geht er zum Tierarzt. Der untersucht die Katze. In die Autowerkstatt fährt er auch noch. Die Bremsen ziehen nach links und müssen kontrolliert werden. Im Fotogeschäft repariert man ihm schnell den Fotoapparat. Später hat er noch Zeit, zum Friseur zu gehen. Denn seine Haare müssen geschnitten werden. Zum Schluß fährt er zur Tankstelle und tankt. Das Öl und die Reifen werden auch noch geprüft. Dann fährt er nach Hause. Er packt selbst den Wagen, weil er nicht möchte, daß seine Frau das tut. Dann ist er endlich fertig.

Schreiben Sie den Text neu. Benutzen Sie möglichst oft das Wort ‚lassen‘.
Benutzen Sie auch Wörter wie: ‚zuerst‘, ‚dann‘, ‚später‘, ‚schließlich‘, ‚nämlich‘, ‚dort‘ und ‚bei . . .‘, ‚in . . .‘, ‚auf . . .‘, ‚an . . .‘.

Zuerst läßt Herr Schulz im Rathaus die Pässe verlängern.
Dann...

_____

_____

_____

_____

_____

Lektion 7

B2/3
WS

11. Ergänzen Sie.

```
┌─────────────┐   ┌─────────────┐        ┌──────────────────────┐
│             │   │             │        │ Aufenthaltserlaubnis │
└─────────────┘   └─────────────┘        └──────────────────────┘
                         │         ███████████
┌─────────────┐          └─────────│ auswandern │─────── ┌─────────────┐
│             │───────────────────  ███████████          │             │
└─────────────┘                                          └─────────────┘
┌─────────────┐   ┌─────────────┐        ┌─────────────┐
│             │   │             │        │             │
└─────────────┘   └─────────────┘        └─────────────┘
```

B2/3
WS

12. Wie heißen die Wörter richtig?

a) Ich bin ÄNADUSLER.   Ausl... _____

b) Ich habe immer Probleme mit den MÄRTEN. _____

c) Ich muß meine SAUFLAUNATHERLEBNIS verlängern lassen. _____

d) Ich muß zum Arzt und brauche einen KEINENSCHRANK. _____

e) Können Sie mir das hier vielleicht ÜTZERBESEN? _____

B2/3
GR

13. Ergänzen Sie ‚wenn‘, ‚wann‘ oder ‚als‘.

_____ ich in die Bundesrepublik Deutschland gekommen bin, konnte ich kaum ein Wort Deutsch. _____ jemand mich etwas gefragt hat, habe ich immer sehr lange überlegt. Ich habe nie gewußt, _____ man ‚du‘ und _____ man ‚Sie‘ sagt. Die Leute haben oft gelacht, _____ ich Fehler machte. _____ ich einmal zum Essen eingeladen war, habe ich gesagt: „Es schmeckt ganz gut". Da hat mir die Hausfrau gesagt, _____ man ‚ganz‘ und _____ man ‚sehr‘ sagt. Schließlich habe ich mir gesagt: „_____ du jetzt nicht einen Sprachkurs besuchst, lernst du nie mehr richtig Deutsch."

B2/3
GR

14. Was ist für Deutsche im Ausland wichtig? Sagen Sie es anders:

a) Herr Kurz überlegt: „Was muß ich mitnehmen?"
    Herr Kurz überlegt, was er mitnehmen muß.
    Ebenso:

b) Frau Meier weiß nicht: „Gibt es in Mallorca guten Kaffee?"

c) Frau Mittler möchte gern wissen: „Wann machen die Läden in Norwegen zu?"

d) Gerti fragt sich: „Wie lange sind die Diskotheken in der Schweiz auf?"

e) Herr Klar weiß nicht: „Welche Sprache spricht man in Andorra?"

f) Frau Schickedanz muß unbedingt wissen: „Kann man in Tunesien Alkohol kaufen?"

g) Susanne überlegt: „Soll ich nach Spanien einen Pullover mitnehmen?"

h) Herr Schuster weiß nicht: „Wieviel D-Mark sind 1000 italienische Lire?'

i) Frau Möller fragt sich: „Wer holt mich am Bahnhof ab?"

j) Heiko möchte sehr gern wissen: „Gibt es in Dänemark billigen Schnaps?"

k) Dr. Kaufmann überlegt: „Wo kann man ein günstiges Ferienhaus mieten?"

l) Familie Aufderheide fragt sich: „Gefällt den Kindern wohl die Nordsee?"

m) Herr Sutter überlegt: „In welchem Land kann ich die meisten Steuern sparen?"

n) Frau Kuhlmann weiß noch nicht: „Wann fährt mein Zug ab?"

Ihre Grammatik: Ergänzen Sie die Sätze b, g und i.

	Inver-sions-sign.	Subjekt	Verb	Subjekt	unbetonte obligator. Ergänzung	Angabe	obligato-rische Ergänzung	Verb
a	was	Herr Kurz	überlegt,	er				mitnehmen muß.
b		Frau Meier	weiß			nicht,		
g		Susanne	überlegt,					
i		Frau Müller	fragt		sich,			

15. Sagen Sie es anders. Benutzen Sie ,ob' oder ,daß'.

a) Meine Mutter kommt morgen. Das habe ich ganz vergessen.

Ich habe ganz vergessen, daß meine Mutter morgen kommt.

Ebenso:

b) Karla hat morgen Geburtstag. Weißt du das nicht?

c) Ist morgen eigentlich ein Ferientag? Ich habe es vergessen.

d) Braucht man für die DDR ein Visum? Ich weiß das nicht.

e) Die Türken sitzen gern auf dem Teppich. Das kann ich nicht verstehen.

f) Vielleicht kann man in Kanada viel Geld verdienen. Möchtest du das nicht auch wissen?

g) Die Deutschen stehen sehr früh auf. Das habe ich gehört.

h) In der Bundesrepublik machen die Geschäfte um 18.30 Uhr zu. Das habe ich nicht gewußt.

i) Trinken die Österreicher mehr Wein oder mehr Bier? Das weiß kein Mensch.

j) Vielleicht spricht man in der Schweiz auch Italienisch. Da bin ich nicht sicher.

16. Warum ist Carlo Gottini in die Bundesrepublik gekommen?
   Bilden Sie Sätze mit ,um zu' oder ,damit'.

a) Er will hier arbeiten.

Er ist in die Bundesrepublik gekommen, um hier zu arbeiten.

b) Seine Kinder sollen bessere Berufschancen haben.

Er ist in die Bundesrepublik gekommen, damit seine Kinder bessere Berufschancen haben.

c) Er will mehr Geld verdienen.

d) Er möchte später in Italien eine Autowerkstatt aufmachen.

e) Seine Kinder sollen Fremdsprachen lernen.

f) Seine Frau muß nicht mehr arbeiten.

g) Er möchte in seinem Beruf weiterkommen.

h) Seine Familie soll besser leben.

i) Er wollte eine eigene Wohnung haben.

Lektion 7

B2/3
GR

17. Ihre Grammatik. Ergänzen Sie die Sätze aus Übung 16.

	Subjekt	Verb	Subjekt	Angabe	obligatorische Ergänzung	Verb
	Er	ist			in die Bundes-republik	gekommen,
a) um				hier		zu arbeiten.
b) damit	seine Kinder				bessere Berufschancen	haben.
c)						
d)						
e)						
f)						
g)						
h)						
i)						

B2/3
GR

18. Ergänzen Sie ,bevor', ,daß', ,weil', ,damit', ,um zu', ,zu' oder ,–'.

Immer mehr Deutsche kommen in die ausländischen Konsulate, _____ sie auswandern wollen. Manche haben Angst, _____ arbeitslos _____ werden, andere wollen ins Ausland gehen, _____ ihre Familien dort freier leben können. Die meisten hoffen, _____ in ihrem Traumland reich _____ werden. Aber viele vergessen, _____ auch andere Länder wirtschaftliche Probleme haben. _____ zum Beispiel nach Australien gehen _____ können, muß man einen ganz bestimmten Beruf haben. Auch für andere Länder ist es schwer, _____ eine Aufenthaltsgenehmigung _____ bekommen. _____ man seine Sachen packt, sollte man sich sehr genau informieren. Man muß auch ein bißchen Geld gespart haben, _____ man in der ersten Zeit im fremden Land leben kann, _____ man nicht sicher sein kann, _____ sofort eine Stelle _____ finden. Manche Auswanderer kommen auch enttäuscht zurück. Dieter Westphal: „Ich bin nach Kanada gegangen, _____ mehr Geld _____ verdienen. Aber ich habe keine Lust, _____ 60 Stunden in der Woche _____ arbeiten, _____ 375 Dollar _____ verdienen. _____ ich ausgewandert bin, habe ich nicht gewußt, _____ es den Deutschen eigentlich sehr gut geht."

19. Was kann man auch sagen?

B2/3
BD

a) *Ich kann nicht verstehen, daß so viele Deutsche auswandern wollen.*
- Ⓐ Ich weiß nicht, ob so viele Deutsche auswandern wollen.
- Ⓑ Ich weiß nicht, daß so viele Deutsche auswandern wollen.
- Ⓒ Ich finde es komisch, daß so viele Deutsche auswandern wollen.

b) *Das deutsche Essen ist für mich fremd.*
- Ⓐ Ich finde, das deutsche Essen ist komisch.
- Ⓑ Das deutsche Essen ist ganz neu für mich.
- Ⓒ Als Ausländer mag ich das deutsche Essen gern.

c) *Bevor man auswandert, sollte man die Sprache lernen.*
- Ⓐ Wenn man auswandern will, sollte man erst die Sprache lernen.
- Ⓑ Man sollte auswandern, damit man die Sprache lernt.
- Ⓒ Erst kann man auswandern, dann sollte man die Sprache lernen.

d) *Die Schüler finden es gut, daß sie das Haus des Kunsthändlers besuchen.*
- Ⓐ Die Schüler finden leicht den Weg zum Haus des Kunsthändlers.
- Ⓑ Die Schüler finden das Haus des Kunsthändlers gut und besuchen es.
- Ⓒ Die Schüler freuen sich darauf, das Haus des Kunsthändlers zu besuchen.

e) *Kinder finden es interessant, im Wald Feuer zu machen.*
- Ⓐ Kinder machen gern im Wald Feuer.
- Ⓑ Es ist interessant, wenn Kinder im Wald Feuer machen.
- Ⓒ Kinder machen gern im.Wald das Feuer aus.

f) *Man nimmt nicht jeden, nur Leute mit bestimmten Berufen.*
- Ⓐ Man nimmt bestimmt jeden, der einen Beruf hat.
- Ⓑ Man bestimmt, welchen Beruf die Leute haben.
- Ⓒ Man nimmt nur Leute mit besonderen Berufen.

20. Schreiben Sie eine kleine Zusammenfassung für den Text im Kursbuch S. 91–92. Benutzen Sie Perfekt und Präteritum.

B2/3
SA

deutsche Schulklasse – in die Türkei fahren
bei türkischen Familien wohnen
Gastfreundschaft – gefallen
Probleme: Frühstück, Toiletten, . .
Kunsthändler – einladen
nur Mädchen – in den Harem gehen
Muhammad, einen früheren Mitschüler, besuchen
mit den Türken feiern (Jungen und Mädchen getrennt)
über Gott sprechen
das türkische Essen mögen
man weiß nicht: Kontakte zu Hause besser?

Eine deutsche Schulklasse ist in die Türkei gefahren. Die Schüler haben bei ...

Nach Jahren im Ausland ist es hier nicht mehr so einfach!

Wenn man lange im Ausland gelebt hat, sieht man das eigene Land mit anderen Augen. Wir fragten drei Frauen, wie sie sich nach ihrer Rückkehr wieder an das Leben in der Bundesrepublik gewöhnt haben.

Brigitte Alfaro lebte in Peru.

„Daß ich mich hier nicht mehr einleben kann, ist meine Schuld. Ich habe mich isoliert"

Mascha Kaléko

Der kleine Unterschied

Es sprach zum Mister Goodwill
ein deutscher Emigrant:
„Gewiß, es bleibt dasselbe,
sag ich nun land statt Land,
sag ich für Heimat homeland
und poem für Gedicht.
Gewiß, ich bin sehr happy:
Doch glücklich bin ich nicht."

„Ich sitze zwischen zwei Stühlen. In Deutschland kann ich nicht mehr richtig leben, und zurück nach Peru kann ich auch nicht". Brigitte Alfaro, 32, hatte vor neun Jahren einen Peruaner geheiratet und war mit ihm nach Lima gegangen. Nach drei Jahren – inzwischen wurde ihr Sohn Rafael geboren – ging die Ehe kaputt. Zwei Jahre blieb Brigitte mit ihrem Kind in Peru und arbeitete als Sprachlehrerin am Goethe-Institut. Dann mußte sie zurück nach Deutschland. Wäre sie in Peru geblieben, hätte sie nach dortigem Recht das Kind dem Vater überlassen müssen. Seit drei Jahren lebt sie jetzt in München – und fühlt sich immer noch als Fremde im eigenen Land. „Aber ich glaube, ich habe auch selbst Schuld daran", gibt sie zu. „Ich hatte immer nur einen Gedanken: so schnell wie möglich zurück nach Peru!"

Ihr fällt es schwer, Peru zu vergessen. Immer wieder vergleicht sie: „Die Leute dort haben ganz andere Probleme. Viele kämpfen Tag für Tag um ihre Existenz, um einen Platz zum Schlafen, um etwas zu essen. Hier in Deutschland wird alles immer diskutiert und analysiert. Da werden Sachen zu einem Problem gemacht, über die man nur den Kopf schütteln kann, wenn man an die Verhältnisse in Peru denkt." Früher hatte Brigitte das gar nicht so gemerkt. Jetzt ist sie nachdenklicher geworden: „Ich bin enttäuscht, daß viele Menschen hier so wenig hilfsbereit sind. Auf dem Arbeitsamt sagte man mir: Ob ich da unten in Peru gearbeitet hätte, das wäre für sie uninteressant. Hier wären die Verhältnisse nun mal anders." Jetzt gibt sie für Ausländer Deutschunterricht. Zu ihnen hat sie schneller Kontakt bekommen als zu den deutschen Kollegen. „Die Leute reden hier einfach nicht miteinander. Man steht zum Beispiel eine halbe Stunde zusammen an einer Bushaltestelle. Man schaut sich mal an – aber es kommt kein Wort, kein Lächeln." Weil sie sich – besonders in der ersten Zeit – so fremd fühlte, hat sie sich eine Insel geschaffen. In ihrer kleinen Wohnung erinnert alles an Südamerika. An den Wänden hängen Plakate und Bilder aus Lima, bunte Wandteppiche aus Peru.

Ihr Sohn Rafael hat sich ganz ohne Schwierigkeiten in Deutschland eingelebt. Inzwischen spricht er kein Wort Spanisch mehr und will auf keinen Fall nach Peru zurück. Brigitte weiß das und akzeptiert es: „Ich kann ihn hier nicht herausreißen. Ich bin es, die sich langsam wieder an alles gewöhnen muß."

Als Brigitte Sittig, 32, nach Deutschland zurückkam, stand sie sehr schnell im Ruf, immer unpünktlich zu sein. Sie hatte sechs Jahre in Brasilien gelebt, und in dieser Zeit war ihr die deutsche Disziplin, die auch für Verabredungen nach Feierabend gilt, doch etwas fremd geworden. Brigitte arbeitete bei einer deutschen Firma in Rio als Chefsekretä-

„Aus der Entfernung sah ich Deutschland bestimmt zu positiv"

rin. Sie hatte sich schnell an die südamerikanische Einstellung gewöhnt: Was heute nicht gemacht wird, das tut man eben morgen. Auch sonst hat es ihr in Brasilien besser gefallen. Sie findet die Leute dort toleranter, lässiger. Allerdings wurde es ihr auch leicht gemacht. „Als Ausländerin hat man dort eine privilegierte Stellung", sagt sie. Nach ihrer Rückkehr brauchte sie ein halbes Jahr, bis sie sich wieder an den deutschen Alltag gewöhnt hatte. Besonders bei der Arbeit fand sie das schwierig. „Die Menschen hier sind so verschlossen. Man wird nicht so schnell akzeptiert. Aber vielleicht war ich nach meiner Rückkehr auch nur ein bißchen enttäuscht, weil ich Deutschland aus der Entfernung viel zu positiv gesehen habe."
Einen Pluspunkt für das Leben in Deutschland hat Brigitte gefunden: „Ich kann endlich wieder den Wechsel der Jahreszeiten spüren. Das Klima in Rio fand ich oft sehr unangenehm." Aber so richtig heimisch fühlt sie sich hier noch nicht – auch wenn ihr der Beruf wenig Zeit läßt, von Rio zu träumen.

Ich fühle mich hier in Deutschland wohl – ich möchte nicht wieder zurück." Zurück, das heißt für die 23jährige Dagmar Westphal zurück nach New York. Eineinhalb Jahre lang arbeitete sie in New York als Speditionskaufmann. Im 83. Stock des World Trade Centers. Die USA, New York, all das hat sie nach der ersten Euphorie erschlagen. Die Menschenmassen,

Dagmar Westphal fühlt sich in Deutschland wohl.

„Ich bin froh, daß ich wieder hier bin. New York war mir zu anonym und oberflächlich"

die dort täglich durch die U-Bahnen geschleust werden, die Hektik und schließlich auch die Oberflächlichkeit. „Alle waren zwar freundlich", sagt sie. „Aber so richtig ernst gemeint war das eigentlich nur selten. Wenn man nicht selbst aufpaßt, versinkt man dort in der Anonymität." Trotzdem war es für Dagmar zuerst nicht ganz einfach, sich wieder an das Leben in Hamburg zu gewöhnen. „In New York mußte ich mich sehr viel mit mir selbst beschäftigen. Keiner hat sich um mich gekümmert. Aber ich konnte selber bestimmen, was ich tun wollte." Diese

Freiheit vermißt sie jetzt. „In New York ist man nicht so streng. Da gibt es nicht so viele Gesetze. Wenn da ein Jogger mitten auf der Straße Sport treibt, sehen die Leute gar nicht hin."
Zu den Kollegen hat sie in den USA keinen Kontakt bekommen: „Die waren nett, aber gleichgültig".
Dagmar ist realistischer geworden. Das Traumland sind die USA für sie nicht. „Alle Probleme, die es bei uns gibt, gibt es dort auch. Nur sehr viel schlimmer." Jetzt findet Dagmar hier manche Vorteile: „Daß man aus dem Büro gehen kann und im Laden ein paar Meter weiter einkaufen kann. In New York mußte ich dafür kilometerweit fahren, denn zwischen den Hochhäusern gibt es keine Geschäfte."
Sie versucht einen Mittelweg zu finden. „Die Amerikaner wollen nur gut und ohne Sorgen leben – das störte mich. Die Deutschen denken zuviel nach und stehen sich mit ihrer Perfektion selbst im Weg."

PETER BICHSEL

San Salvador

Er hatte sich eine Füllfeder gekauft.

Nachdem er mehrmals seine Unterschrift, dann seine Initialen, seine Adresse, einige Wellenlinien, dann die Adresse seiner Eltern auf ein Blatt gezeichnet hatte, nahm er einen neuen Bogen, faltete ihn sorgfältig und schrieb: „Mir ist es hier zu kalt", dann, „ich gehe nach Südamerika"; dann hielt er inne, schraubte die Kappe auf die Feder, betrachtete den Bogen und sah, wie die Tinte eintrocknete und dunkel wurde (in der Papeterie garantierte man, daß sie schwarz werde), dann nahm er seine Feder erneut zur Hand und setzte noch großzügig seinen Namen Paul darunter.

Dann saß er da.

Später räumte er die Zeitungen vom Tisch, überflog dabei die Kinoinserate, dachte an irgend etwas, schob den Aschenbecher beiseite, zerriß den Zettel mit den Wellenlinien, entleerte seine Feder und füllte sie wieder. Für die Kinovorstellung war es jetzt zu spät.

Die Probe des Kirchenchores dauert bis neun Uhr, um halb zehn würde Hildegard zurück sein. Er wartete auf Hildegard. Zu all dem Musik aus dem Radio. Jetzt drehte er das Radio ab.

Auf dem Tisch, mitten auf dem Tisch, lag nun der gefaltete Bogen, darauf stand in blauschwarzer Schrift sein Name Paul.

„Mir ist es hier zu kalt", stand auch darauf.

Nun würde also Hildegard heimkommen, um halb zehn. Es war jetzt neun Uhr. Sie läse seine Mitteilung, erschräke dabei, glaubte wohl das mit Südamerika nicht, würde dennoch die Hemden im Kasten zählen, etwas müßte ja geschehen sein.

Sie würde in den „Löwen" telefonieren.

Der „Löwen" ist mittwochs geschlossen.

Sie würde lächeln und verzweifeln und sich damit abfinden, vielleicht.

Sie würde sich mehrmals die Haare aus dem Gesicht streichen, mit dem Ringfinger der linken Hand beidseitig der Schläfe entlang fahren, dann langsam den Mantel aufknöpfen.

Dann saß er da, überlegte, wem er einen Brief schreiben könnte, las die Gebrauchsanweisung für den Füller noch einmal – leicht nach rechts drehen – las den französischen Text, verglich den englischen mit dem deutschen, sah dann wieder seinen Zettel, dachte an Palmen, dachte an Hildegard.

Saß da.

Und um halb zehn kam Hildegard und fragte: „Schlafen die Kinder?" Sie strich sich die Haare aus dem Gesicht.

1. Ergänzen Sie.

B1
WS

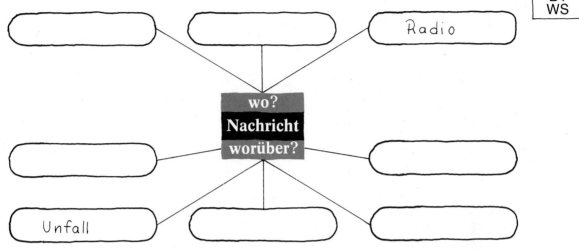

- Radio
- Unfall
- wo? **Nachricht** worüber?

2. Was ist hier gestern passiert?

B1
SA

Stuttgart

a) *In Stuttgart ist ein Bus gegen einen Zug gefahren.*

Linz

c) _____

_____

New York

e) _____

Deggendorf

b) _____

_____

Basel

d) _____

Duisburg

f) _____

Lektion 8

3. Was paßt zusammen?

| Aufzug – Beamter – Briefumschlag – Bus – Gas – Kasse – Lebensmittel – Öl – Wohnung |
| Päckchen – Paket – Paß – Stock – Straßenbahn – Strom – U-Bahn – Verkäufer – Zoll |

Grenze	Heizung	Hochhaus	Post	Supermarkt	Verkehr
_____	*Gas*	_____	_____	*Kasse*	*Bus*
_____	_____	_____	_____	_____	_____
_____	_____	_____	_____	_____	_____
_____	_____	_____	_____	_____	_____

4. Sagen Sie es anders. Verwenden Sie die Präpositionen ‚ohne', ‚mit', ‚gegen', ‚außer', ‚für' und ‚wegen'.

a) Das Auto fährt, aber es hat kein Licht.

Das Auto fährt ohne Licht.

Ebenso:

b) Ich habe ein Päckchen bekommen. In dem Päckchen war ein Geschenk.

_____

c) Wir hatten gestern keinen Strom. Der Grund war das Gewitter.

_____

d) Diese Kamera funktioniert mit Sonnenenergie. Sie braucht keine Batterie.

_____

e) Ich konnte gestern nicht zu dir kommen. Der Grund war das schlechte Wetter.

_____

f) Jeder in meiner Familie treibt Sport. Nur ich nicht.

_____

g) Der Arzt hat mein Bein operiert. Ich hatte eine Verletzung im Bein.

_____

h) Ich bin mit dem Streik nicht einverstanden.

_____

i) Die Metallarbeiter haben demonstriert. Sie wollen mehr Lohn.

_____

j) Man kann nicht nach Australien fahren, wenn man kein Visum hat.

_____

5. Ihre Grammatik. Ergänzen Sie.

	ein Streik	eine Reise	ein Haus	Probleme
für	*einen Streik*			
gegen				
mit				
ohne				
wegen				
außer				

6. Ergänzen Sie.

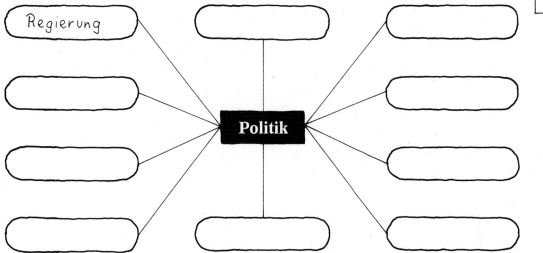

Regierung

Politik

7. Was kann man nicht sagen?

einen Besuch	machen / anmelden / ~~geben~~ / versprechen
eine Frage	haben / verstehen / anrufen / erklären
einen Krieg	anfangen / abschließen / gewinnen / verlieren
eine Lösung	besuchen / finden / zeigen / suchen
eine Nachricht	bekommen / kennenlernen / schicken / verstehen
ein Problem	erklären / sehen / vorschlagen / verstehen
einen Streik	verlieren / vorschlagen / wollen / verlängern
einen Unterschied	machen / sehen / beantragen / kennen
einen Vertrag	unterschreiben / abschließen / unterstreichen / feiern
eine Wahl	gewinnen / feiern / verlieren / finden
einen Weg	bekommen / kennen / gehen / finden

8. Wie heißt das Nomen?

meinen	die Meinung	spazieren gehen	_____
ärgern	_____	sprechen	_____
antworten	_____	streiken	_____
fragen	_____	unterschreiben	_____
besuchen	_____	untersuchen	_____
essen	_____	verletzen	_____
fernsehen	_____	vorschlagen	_____
operieren	_____	waschen	_____
reparieren	_____	wohnen	_____
regnen	_____	wünschen	_____
schneien	_____	demonstrieren	_____

Lektion 8

B2/3
GR

9. Setzen Sie ein: ,für', ,gegen', ,mit', ,über', ,von', ,vor' oder ,zwischen'.

a) Im Fernsehen hat es eine Diskussion _____ Umweltprobleme gegeben.

b) Die Bundesrepublik Deutschland hat einen Vertrag _____ Frankreich abgeschlossen.

c) Viele Menschen haben Angst _____ einem Krieg.

d) Der Präsident _____ Kamerun hat die Schweiz besucht.

e) 3000 Metallarbeiter waren auf der Demonstration _____ die Arbeitslosigkeit.

f) Der Wirtschaftsminister hat den Vertrag _____ wirtschaftliche Kontakte _____ Algerien unterschrieben.

g) Die Ausländer sind froh _____ das neue Gesetz.

h) Die Gewerkschaft ist _____ dem Vorschlag der Arbeiter zufrieden.

i) Der Unterschied _____ der CDU und der CSU ist nicht groß.

j) Dieses Problem ist typisch _____ die deutsche Politik.

B2/3
BD

10. Was können Sie auch sagen?

a) *Er ist vor zwei Tagen angekommen.*
- Ⓐ Er ist seit zwei Tagen hier.
- Ⓑ Er ist für zwei Tage hier.
- Ⓒ Er kommt in zwei Tagen an.

b) *Gegen Abend kommt ein Gewitter.*
- Ⓐ Es ist Abend. Deshalb kommt ein Gewitter.
- Ⓑ Am Abend kommt ein Gewitter.
- Ⓒ Ich bin gegen ein Gewitter am Abend.

c) *Mein Vater ist über 60.*
- Ⓐ Mein Vater wiegt mehr als 60 kg.
- Ⓑ Mein Vater fährt schneller als 60 km/h.
- Ⓒ Mein Vater ist vor mehr als 60 Jahren geboren.

d) *Während meiner Reise war ich krank.*
- Ⓐ Auf meiner Reise war ich krank.
- Ⓑ Seit meiner Reise war ich krank.
- Ⓒ Wegen meiner Reise war ich krank.

e) *Seit 1952 werden die DDR und die Bundesrepublik immer verschiedener.*
- Ⓐ Vor 1952 sind die Bundesrepublik und die DDR ein Staat.
- Ⓑ Nach 1952 werden die DDR und die Bundesrepublik immer verschiedener.
- Ⓒ Bis 1952 sind die DDR und die Bundesrepublik zwei verschiedene Staaten.

f) *In zwei Monaten heiratet sie.*
- Ⓐ Ihre Heirat dauert zwei Monate.
- Ⓑ Sie heiratet für zwei Monate.
- Ⓒ Es dauert noch zwei Monate. Dann heiratet sie.

g) *Mit 30 hatte er schon 5 Häuser.*
- Ⓐ Er hatte 35 Häuser.
- Ⓑ Als er 30 Jahre alt war, hatte er schon 5 Häuser.
- Ⓒ Vor 30 Jahren hatte er 5 Häuser.

h) *Erst nach 1978 hat es Kontakte zwischen den beiden Ländern gegeben.*
- Ⓐ Vor 1978 hat es keine Kontakte zwischen den beiden Ländern gegeben.
- Ⓑ Seit 1978 hat es keine Kontakte zwischen den beiden Ländern mehr gegeben.
- Ⓒ Schon vor 1978 hat es Kontakte zwischen den beiden Ländern gegeben.

i) *In der Bundesrepublik dürfen alle Personen über 18 Jahre wählen.*
- Ⓐ Personen, die unter 18 Jahre alt sind, dürfen nicht wählen.
- Ⓑ Nur Personen, die 18 Jahre alt sind, dürfen in der Bundesrepublik wählen.
- Ⓒ In der Bundesrepublik dürfen alle Personen nach 18 Jahren wählen.

11. ‚Wann?' oder ‚wie lange?' Welche Frage paßt?

B2/3
BD

a) Anna hat vor zwei Tagen ein Baby bekommen.
b) Es hat vier Tage geschneit.
c) Während des Krieges war er in Südamerika
d) Es regnet immer gegen Mittag.
e) Nach zweiundzwanzig Jahren ist er nach Hause gekommen.
f) Bis zu seinem sechzigsten Geburtstag war er gesund.
g) Ich habe eine halbe Stunde im Regen gestanden.
h) Er ist zweiundzwanzig Jahre in Afrika gewesen.
i) In drei Tagen hat er sein Abitur.
j) Seit drei Tagen hat er nichts gegessen.

	wann?	wie lange?
a)	X	
b)		
c)		
d)		
e)		
f)		
g)		
h)		
i)		
j)		

12. Welche Sätze sagen dasselbe / nicht dasselbe?

B2/3
BD

a) Meine Mutter kritisiert immer meine Freunde. /
   Meine Mutter ist nie mit meinen Freunden zufrieden.
b) Wenn man das Abitur hat, hat man bessere Berufschancen. /
   Mit Abitur hat man bessere Berufschancen.
c) Man sollte mehr Krankenhäuser bauen. Das finde ich auch. /
   Man sollte mehr Krankenhäuser bauen. Ich bin auch dagegen.
d) Wenn es keine Kriege geben würde, wäre die Welt schöner. /
   Ohne Kriege wäre die Welt schöner.
e) Er erklärt, daß das Problem sehr schwierig ist. /
   Er erklärt das schwierige Problem.
f) Niemand hat einen guten Vorschlag. /
   Jemand hat einen schlechten Vorschlag.
g) Die deutsche Frage ist immer noch offen. /
   Das deutsche Problem ist immer noch offen.

	dasselbe	nicht dasselbe
a)	X	
b)		
c)		
d)		
e)		
f)		
g)		

13. Schreiben Sie die Zahlen.

B2/3
SA

neunzehnhundertachtundsechzig   *1968* _____
achtzehnhundertachtundvierzig   _____
neunzehnhundertsiebzehn   _____
siebzehnhundertneunundachtzig   _____
achtzehnhundertdreißig   _____
sechzehnhundertachtzehn   _____
neunzehnhundertneununddreißig   _____
tausendsechsundsechzig   _____
vierzehnhundertzweiundneunzig   _____

Jetzt wird es grün in Bonn

Bei der Bundestagswahl am 6. März 1983 wurde die Umweltschutz-Partei „Die Grünen" zum erstenmal in den Bundestag gewählt. Sie will frischen Wind ins Parlament bringen.

Theater bei der ersten Sitzung des 10. Deutschen Bundestages gab es nicht: wer gehofft hatte, daß schon beim Einzug der achtundzwanzig Abgeordneten der Grünen ins Bonner Parlament die politischen Fronten klar würden – gleich am ersten Tag und für alle Zeiten –, der war enttäuscht. Ein Sprecher der Grünen, Lukas Beckmann, gab den Grund an, warum der erste Auftritt eher zurückhaltend war: „So einfach wollen wir es den alten Parteien nicht machen, die sollen uns ernst nehmen."
Gegen 10 Uhr ziehen die ersten Abgeordneten der Grünen in das Abgeordneten-Hochhaus ein. Die Ordnungsbeamten sind irritiert. Gewöhnlich sehen sie nur Damen in dezenten Kleidern und Herren in dunklen Anzügen mit kleinen Aktenkoffern. Aber diese Abgeordneten kümmern sich nicht darum, was „man" im Bundestag anzieht, sondern sie tragen Pullover und Jeans – ganz so wie wahrscheinlich die Hälfte der Menschen in diesem Land. Manche kommen sogar in Sportschuhen. Und sie haben auch keine Aktenkoffer, sondern Taschen aus Jute.
Bevor die Parlamentssitzung anfängt, treffen sich die Grünen zu ihrer ersten Fraktionssitzung. Viele Journalisten, Fotografen und Fernsehteams sind da, um die Grünen zu sehen. Man sucht die besondere Exotik, die von dieser Partei erwartet wird. Ob wirklich die junge Mutter kommt, die gesagt hat, daß sie ihrem kleinen Kind

Skepsis
Schwierige Zeiten für Rainer Barzel: Der neue Bundestagspräsident denkt, daß die Grünen die Geschäftsordnung des Bundestages verändern wollen.

Stolz
„Ich nehme die Wahl an": Kritisch sehen die grünen Abgeordneten Petra Kelly und Marieluise Beck-Oberdorf den neuen Bundeskanzler Helmut Kohl (CDU) an.

während der Sitzung die Brust geben will? Nein, die ist nicht da. Aber da kommt wenigstens die Abgeordnete aus Bremen, die immer ihren Hund dabei hat. Als „der grüne Dackel Anton" wird das arme Tier im Fernsehen bekannt.
Diese Leute wollen keine „eiskalten Berufspolitiker" werden, die nur noch an ihren eigenen Erfolg denken und die Probleme von „gewöhnlichen" Leuten gar nicht mehr kennen. Für sie ist im Gegenteil der Kontakt mit der Basis sehr wichtig. Der Abgeordnete Willi Hoss zum Beispiel, Schweißer und Betriebsrat bei Daimler-Benz in

Alternative
Schock für den Saaldiener: In Jeans und Pullover gehen grüne Abgeordnete zur ersten Sitzung des 10. Bundestages.

Stuttgart, will mindestens einmal in der Woche im Betrieb arbeiten: „Ich muß einfach wissen, was an den Fließbändern los ist."
Die Grünen wollen, daß die „30-jährigen Rituale" der Arbeit im Parlament aufhören. Das verspricht unruhige Zeiten: für die Regierungsparteien CDU, CSU und FDP, die sich nicht auf ihrer Mehrheit von 58 Sitzen ausruhen können, aber auch für die SPD, die zusammen mit den Grünen in der Opposition ist. Durch die grüne Konkurrenz hat sie es nicht leicht, einen überzeugenden politischen Neuanfang zu finden.

Wählerinnen und Wähler fragen– wir antworten.

Was wollen DIE GRÜNEN im Bundestag?

DIE GRÜNEN wollen neue Wege zeigen, die aus der ökologischen und wirtschaftlichen Krise herausführen. Sie wollen die Kriegsgefahr bannen. Sie wollen den Menschen zeigen, daß ein Weg aus der Katastrophe noch möglich ist. Alle Krisen hängen zusammen, auch international: Frieden, Umwelt, Wirtschaft, Sozialpolitik und Demokratie. Die Reparatur eines Teils ist nicht genug, es fehlt eine fundamentale Alternative. Diese wollen DIE GRÜNEN im Bundestag zeigen:

– von der Aufrüstungspolitik zur aktiven Friedenspolitik

– von der Ausbeutung der dritten Welt zur Solidarität

– von der Atomenergie zu umweltverträglichen und friedensichernden Energien

– vom Konsumzwang in der Wegwerfgesellschaft zur sinnvollen Produktion langlebiger Produkte

– von der Männergesellschaft zum gleichberechtigten Zusammenleben von Mann und Frau

– vom Abbau des Sozialstaates zur sozialen Gerechtigkeit für alle.

ERICH FRIED

Gründe

„Weil das alles nicht hilft
Sie tun ja doch was sie wollen

Weil ich mir nicht nochmals
die Finger verbrennen will

Weil man nur lachen wird:
Auf dich haben sie gewartet

Und warum immer ich?
Keiner wird es mir danken

Weil da niemand mehr durchsieht
sondern höchstens noch mehr kaputtgeht

Weil jedes Schlechte
vielleicht auch sein Gutes hat

Weil es Sache des Standpunktes ist
und überhaupt wem soll man glauben?

Weil auch bei den anderen nur
mit Wasser gekocht wird

Weil ich das lieber
Berufenen überlasse

Weil man nie weiß
wie einem das schaden kann

Weil sich die Mühe nicht lohnt
weil sie alle das gar nicht wert sind"

Das sind Todesursachen
zu schreiben auf unsere Gräber

die nicht mehr gegraben werden
wenn das die Ursachen sind

Robert Walser

Basta

Ich kam dann und dann zur Welt, wurde dort und dort erzogen, ging ordentlich zur Schule, bin das und das und heiße so und so und denke nicht viel. Geschlechteswegen bin ich ein Mann, staateswegen bin ich ein guter Bürger und rangeshalber gehöre ich zur besseren Gesellschaft. Ich bin ein säuberliches, stilles nettes Mitglied der menschlichen Gesellschaft, ein sogenannter guter Bürger, trinke gern mein Glas Bier in aller Vernunft und denke nicht viel. Auf der Hand liegt, daß ich mit Vorliebe gut esse, und ebenso liegt auf der Hand, daß mir Ideen fern liegen. Scharfes Denken liegt mir gänzlich fern; Ideen liegen mir vollständig fern, und deshalb bin ich ein guter Bürger, denn ein guter Bürger denkt nicht viel. Ein guter Bürger ißt sein Essen und damit basta!

Thomas Brasch

Der schöne 27. September

Ich habe keine Zeitung gelesen.
Ich habe keiner Frau nachgesehen.
Ich habe den Briefkasten nicht geöffnet.
Ich habe keinem einen Guten Tag gewünscht.
Ich habe nicht in den Spiegel gesehen.
Ich habe mit keinem über alte Zeiten
gesprochen und
mit keinem über neue Zeiten.
Ich habe nicht über mich nachgedacht.
Ich habe keine Zeile geschrieben.
Ich habe keinen Stein ins Rollen gebracht.

Nehmen Sie Presse-Freiheit bitte ganz persönlich.

Reinhold Messner im Himalaya. Ein Heißluftballon über der DDR-Grenze. Königin Sylvia auf Schloß Brühl. Renten im Widerstreit. VW-Chef Schmücker auf Erfolgskurs. Drei schicke Mädchen in raffinierten Blousons.

In Zeitschriften lernen Sie die Welt kennen. Vom Glamour-Girl bis zum Bettler. Von der aktuellen Reportage bis zum Hintergrund-Bericht. Vom do-it-yourself-Tip bis zur Anlageberatung. Mit allen Einsichten und Ansichten, die man heutzutage von links bis rechts haben kann.

Da können Sie aussuchen: die Zeitschrift, die Ihnen am besten gefällt. Die Ihnen die Informationen gibt, die Sie brauchen. Die Ihre Meinungen teilt und Ihnen neue Ausblicke öffnet. Die Ihnen die Bilder zeigt, bei denen Sie verweilen wollen.

Nirgendwo sonst ist die Auswahl so groß wie auf dem Zeitschriftenmarkt. Das hält Verleger und Redakteure wach: wer nicht sein Bestes zu Papier bringt, verliert seine Leser.

A
wie Anzeigen
in Zeitschriften

**Gut für Sie,
wenn Sie
wählen können
(kaum möglich
ohne Anzeigen).**

An den Verband deutscher Zeitschriftenverleger e.V.
Buschstraße 85, 5300 Bonn
Bitte senden Sie mir kostenlos Ihre 24-seitige Broschüre
„Wir lieben den Wettbewerb"

Name

Straße

Ort

Lektion 9

B1
WS

1. Ergänzen Sie.

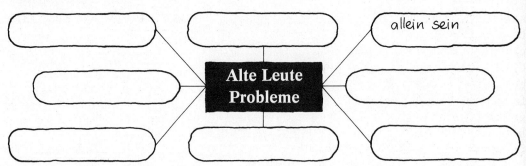

allein sein

**Alte Leute
Probleme**

B1
GR

2. Ergänzen Sie ‚sie' oder ‚ihnen'.

a) Was kann man für alte Menschen tun,
die allein sind?
Man kann

_____ besuchen,
_____ Briefe schreiben,
_____ auf einen Spaziergang
mitnehmen,
_____ Pakete schicken,
_____ zuhören, wenn sie ihre
Sorgen erzählen,
_____ manchmal anrufen.

b) Was muß man für alte Menschen tun,
die sich nicht allein helfen können?
Man muß

_____ morgens anziehen,
_____ abends ausziehen,
_____ die Wäsche waschen,
_____ das Essen bringen,
_____ waschen,
_____ im Haus helfen,
_____ ins Bett bringen.

B1
GR

3. Alt sein heißt oft allein sein. Ergänzen Sie ‚sie', ‚ihr' oder ‚sich'.

Frau Möhring fühlt _____ oft allein.
Sie hat niemand, der _____ zuhört, wenn sie Sorgen
hat oder wenn sie _____ unterhalten will.
Sie muß _____ selbst helfen, weil niemand _____ hilft.
Niemand besucht _____, niemand schreibt _____,
niemand ruft _____ an.
Aber ab nächsten Monat bekommt sie einen Platz im Altersheim.
Sie freut _____ schon, daß sie dann endlich wieder unter
Menschen ist.

B1
SA

4. Kursbuch S. 110: Lesen Sie noch einmal den Brief von Frau Simmet. Schreiben Sie:

Familie Simmet wohnt seit vier Jahren mit der Mutter von Frau Simmet
zusammen, weil ihr Vater gestorben ist. Ihre Mutter kann...

_____

_____

5. Sagen Sie es anders.

B1
GR

a) Ist das Ihr Haus?   *Gehört das Haus Ihnen?* _____

b) Da kommt Karin. Ist das ihr Schlüssel? _____

c) Ist das euer Paket? _____

d) Du kennst doch Rolf und Ingrid. Ist das ihr Wagen? _____

e) Ist das sein Ausweis? _____

f) Herr Baumann, ist das Ihre Tasche? _____

g) Das ist mein Geld! _____

h) Sind das eure Bücher? _____

i) Sind das Ihre Pakete, Frau Simmet? _____

j) Gestern habe ich Linda und Bettina getroffen. Das sind ihre Fotos. _____

6. ‚auf‘, ‚für‘, ‚mit‘, ‚über‘, ‚von‘ oder ‚zu‘.

B1
GR

a) Die Großeltern können _____ die Kinder aufpassen, wenn die Eltern abends weggehen.

b) Man muß den Eltern _____ alles danken, was sie getan haben.

c) Viele alte Leute erzählen immer nur _____ früher.

d) Viele Eltern sind _____ ihre Kinder enttäuscht, wenn sie im Alter allein sind.

e) Mein Mann ärgert sich jeden Tag _____ Großmutter.

f) Die Großeltern warten oft _____ Besuch von ihren Kindern.

g) Ich unterhalte mich gern _____ meinem Großvater _____ Politik.

h) Ich meine, die alten Leute gehören _____ uns.

i) Die Kinder spielen gern _____ den Großeltern.

j) Großmutter regt sich immer _____ Ingrids Kleider auf.

k) Letzte Woche haben 10 000 Rentner _____ höhere Renten demonstriert.

l) Ich finde es interessant, wenn meine Großeltern _____ ihre Jugendzeit erzählen.

7. ‚Wofür‘, ‚wogegen‘, ‚woher‘, ‚wohin‘, ‚wonach‘, ‚woran‘, ‚worauf‘, ‚worüber‘, ‚wovon‘, ‚zwischen was‘? Fragen Sie.

B1
GR

a) Ich denke gerade <u>an meinen Urlaub</u>.   *Woran denkst du gerade?*
   Ebenso:

b) Im Urlaub fahre ich <u>nach Schweden</u>. _____

c) Wir haben <u>gegen die Arbeitslosigkeit</u> demonstriert. _____

d) Ich freue mich schon <u>auf den Besuch</u> der Großeltern. _____

e) Der Mann hat <u>nach der Adresse des Altersheims</u> gefragt. _____

f) Ich möchte mich <u>über das laute Hotelzimmer</u> beschweren. _____

g) Ich denke oft <u>über mein Leben</u> nach. _____

h) Wir können <u>zwischen Kaffee und Tee</u> wählen. _____

i) Ich komme <u>aus Jugoslawien</u>. _____

j) Ich habe mein ganzes Geld <u>für Bücher</u> ausgegeben. _____

k) Karin hat uns lange <u>von ihrer Reise</u> erzählt. _____

l) Viele Rentner sind <u>über die Politik</u> der Bundesregierung enttäuscht. _____

Lektion 9

**B1
BD**

8. Was können Sie auch sagen?

a) *Ich danke dir für das schöne Geschenk.*
   Ⓐ Ich denke wegen des schönen
      Geschenks an dich.
   Ⓑ Das ist ein schönes Geschenk. Vielen
      Dank!
   Ⓒ Du freust dich über das schöne
      Geschenk.

b) *Das Kind gehört ins Bett.*
   Ⓐ Das Kind sollte ins Bett gehen.
   Ⓑ Ich höre, das Kind ist im Bett.
   Ⓒ Das Kind hört im Bett Musik.

c) *Wir wären traurig, wenn die Großeltern
nicht mehr da wären.*
   Ⓐ Wir wären traurig, wenn die Groß-
      eltern schon tot wären.
   Ⓑ Wir sind traurig, weil die Großeltern
      weggegangen sind.
   Ⓒ Wir wären traurig, wenn die Groß-
      eltern noch nicht kommen würden.

d) *Carola wünscht sich ein Buch zum
Geburtstag.*
   Ⓐ Carola möchte ein Buch zum Geburts-
      tag haben.
   Ⓑ Carola wünscht ihr ein Buch zum
      Geburtstag.
   Ⓒ Sie wünscht Carola ein Buch zum
      Geburtstag.

e) *Kannst du mir denn nicht zuhören?*
   Ⓐ Kannst du denn nicht zu mir gehören?
   Ⓑ Kannst du mich denn nicht hören?
   Ⓒ Hör doch bitte mal zu, was ich sage.

f) *Sie kann sich überhaupt nicht mehr
helfen.*
   Ⓐ Ich kann ihr überhaupt nicht mehr
      helfen.
   Ⓑ Sie kann ihr überhaupt nicht mehr
      helfen.
   Ⓒ Andere Leute müssen ihr helfen.

**B2
WS**

9. Ergänzen Sie.

**B2
WS**

10. Was paßt nicht?

Dach:	Haus – Hof – Garage – Auto
spielen:	Karten – Theater – Gitarre – Fahrrad
Verein:	Fußball spielen – Sport treiben – Fernsehen – Musik machen
Handwerker:	Bäcker – Mechaniker – Bauer – Tischler

11. Wie heißen die fehlenden Wörter?

B2
WS

Pflaster   Handwerker   Regal   Seife   Bleistift   Werkzeug   Bürste   Zettel   Steckdose
Farbe

Heute will Herr Baumann endlich das _____ für die Küche bauen. Das ist nicht schwer
für ihn, weil er _____ ist. Zuerst macht er einen Plan. Dazu braucht er einen _____
und einen _____. Dann holt er das Holz und das _____. Um die Teile zu schneiden, braucht er Strom. Wo ist denn bloß eine _____? Au! Jetzt hat er sich in den Finger
geschnitten und braucht ein _____. Er ist fast fertig, nur die _____ fehlt noch. Es
soll nämlich grün werden. Zum Schluß ist Herr Baumann ganz schmutzig. Er geht zum Wasch-
becken, nimmt die _____ und eine _____ und macht die Hände sauber.

12. Wo steht das Pronomen? Setzen Sie ein.

B2
GR

a) Diese Suppe schmeckt toll. Kochst du _____ mir die _____ auch mal? (die)

b) Das ist mein neuer Mantel. Meine Eltern haben _____ mir _____ geschenkt. (ihn).

c) Diese Frage ist sehr schwierig. Kannst du _____ Hans _____ vielleicht erklären? (sie)

d) Ich möchte heute abend ins Kino gehen. Erlaubst du _____ mir _____? (das)

e) Diese Lampe nehme ich. Können Sie _____ mir _____ bitte einpacken? (sie)

f) Ich brauche die Streichhölzer. Gibst du _____ mir _____ mal? (die)

g) Wie findest du die Uhr? Willst du _____ deiner Freundin _____ nicht zum Geburtstag
schenken? (sie)

h) Wir haben hier einen Brief in arabischer Sprache. Können Sie _____ uns _____ bitte
übersetzen? (den)

i) Die Kinder wissen nicht, wie man den Fernseher anmacht. Zeigst du _____ ihnen _____
mal? (es)

j) Das sind französische Zigaretten. Ich habe _____ meinem Lehrer _____ aus Frankreich
mitgebracht. (sie)

B2 GR

13. Ihre Grammatik. Ergänzen Sie.

a) Können Sie mir bitte die Grammatik erklären?
b) Können Sie mir die Grammatik bitte genauer erklären?
c) Können Sie mir die bitte erklären?
d) Können Sie sie mir bitte erklären?
e) Ich habe meinem Bruder gestern mein neues Auto gezeigt.
f) Holst du mir bitte die Seife?
g) Ich suche dir gern deine Brille.
h) Ich bringe dir dein Werkzeug sofort.
i) Zeig mir das doch mal!
j) Ich zeige es dir gleich.
k) Geben Sie mir die Lampe jetzt?
l) Holen Sie sie sich doch!
m) Dann können sie mir das Geld ja vielleicht schicken.
n) Diesen Mantel habe ich ihr vorige Woche gekauft.

	Inversions-signal	Subjekt	Verb	Subjekt	unbetonte obligatorische Ergänzung (Personal-pronomen) Akkusativ (Pers.-Pron.)	Dativ (Pers.-Pron.)	obligatorische Ergänzung Akkusativ (Nomen / Definit.-Pron.)	Angabe	obligatorische Ergänzung	Verb
a)			können	Sie		mir		bitte	die Grammatik	erklären?
b)										
c)										
d)										
e)										
f)										
g)										
h)										
i)										
j)										
k)										
l)										
m)										
n)										

14. Was hat Herr Schibilsky, Rentner, 66, gestern alles gemacht? Schreiben Sie.

B1
SA

a) _Um 8 Uhr hat er die Kinder in die Schule gebracht._

b) _____

c) _____

d) _____

e) _____

f) _____

g) _____

h) _____

i) _____

j) _____

k) _____

l) _____

Lektion 9

B2
BD

15. Sagen die Sätze dasselbe oder nicht?

a) Als Angestellter verdiene ich mehr.

   – Ich verdiene mehr als ein Angestellter.

b) Als Herr Meyer Rentner wurde, hat er sich endlich einen Wagen gekauft.

   – Bevor Herr Meyer Rentner wurde, hatte er keinen Wagen.

c) Frau Beyer ist Rentnerin. Als Sekretärin hat sie nicht viel Freizeit gehabt.

   – Frau Beyer ist Rentnerin. Als sie noch Sekretärin war, hat sie nicht viel Freizeit gehabt.

d) Mein Freund ißt mehr als ich.

   – Mein Freund ißt mehr, als ich esse.

e) Ich bin Lehrer. Ich bin nicht so zufrieden, wie ich als Student war.

   – Ich bin Lehrer. Als ich noch Student war, war ich zufriedener als heute.

f) Als Herr Friedel nach Hause kam, war seine Frau froh.

   – Wenn Herr Friedel nach Hause kommen würde, wäre seine Frau froh.

	a)	b)	c)	d)	e)	f)
dasselbe						
nicht dasselbe	X					

B2
BD

16. Was kann man auch sagen?

a) *Fühlt er sich jetzt wohl?*
- Ⓐ Wie fühlt er sich wohl jetzt?
- Ⓑ Ist er jetzt zufrieden?
- Ⓒ Ist er jetzt verrückt?

b) *Ich repariere gerade das Radio.*
- Ⓐ Das Radio ist jetzt fertig.
- Ⓑ Ich habe das Radio repariert.
- Ⓒ Im Moment repariere ich das Radio.

c) *Hast du ein bißchen Zeit?*
- Ⓐ Hast du viel Zeit?
- Ⓑ Hast du ein paar Minuten Zeit?
- Ⓒ Hast du wenig Zeit?

d) *Ich finde die Idee nicht schlecht.*
- Ⓐ Ich finde schlecht eine Idee.
- Ⓑ Ich finde, die Idee ist gut.
- Ⓒ Ich habe eine gute Idee.

e) *Frau Petzold steht morgens gewöhnlich um 6.00 Uhr auf.*
- Ⓐ Frau Petzold steht morgens immer um 6.00 Uhr auf.
- Ⓑ Frau Petzold steht morgens manchmal um 6.00 Uhr auf.
- Ⓒ Frau Petzold steht morgens meistens um 6.00 Uhr auf.

f) *Er paßt auf den Hund auf.*
- Ⓐ Er bleibt bei dem Hund, damit der Hund keinen Unsinn macht.
- Ⓑ Er wartet auf den Hund.
- Ⓒ Er wartet, daß der Hund Unsinn macht.

g) *Sie macht diese Arbeit selbst.*
- Ⓐ Sie möchte nicht, daß ein anderer diese Arbeit macht.
- Ⓑ Sie läßt diese Arbeit machen.
- Ⓒ Sie macht sogar diese Arbeit.

h) *Du mußt dich beeilen.*
- Ⓐ Du mußt ein Ei kochen.
- Ⓑ Du bist fertig.
- Ⓒ Du hast nicht mehr viel Zeit.

i) *Er geht abends immer im Stadtpark spazieren.*
- Ⓐ Er geht abends jeden Tag im Stadtpark spazieren.
- Ⓑ Oft geht er abends im Stadtpark spazieren.
- Ⓒ Abends geht er gewöhnlich im Stadtpark spazieren.

17. Ergänzen Sie.

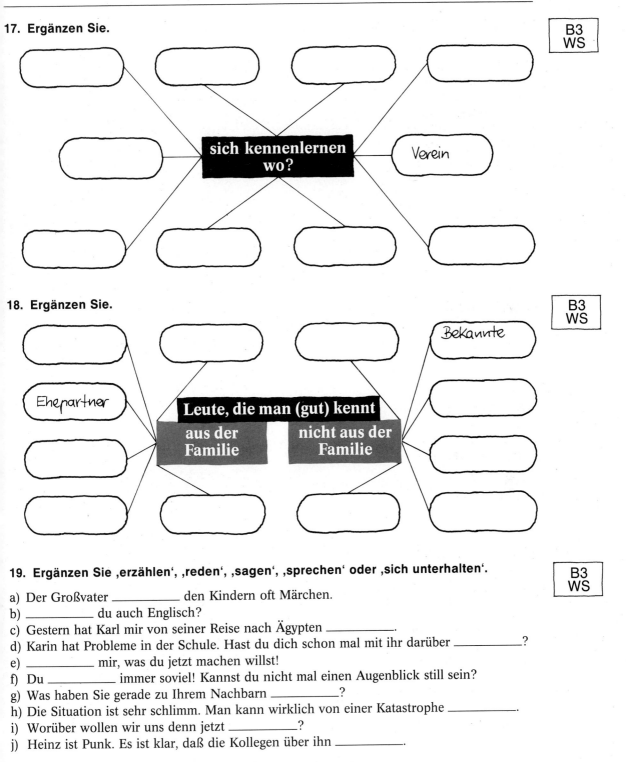

18. Ergänzen Sie.

19. Ergänzen Sie ‚erzählen‘, ‚reden‘, ‚sagen‘, ‚sprechen‘ oder ‚sich unterhalten‘.

a) Der Großvater _____ den Kindern oft Märchen.
b) _____ du auch Englisch?
c) Gestern hat Karl mir von seiner Reise nach Ägypten _____.
d) Karin hat Probleme in der Schule. Hast du dich schon mal mit ihr darüber _____?
e) _____ mir, was du jetzt machen willst!
f) Du _____ immer soviel! Kannst du nicht mal einen Augenblick still sein?
g) Was haben Sie gerade zu Ihrem Nachbarn _____?
h) Die Situation ist sehr schlimm. Man kann wirklich von einer Katastrophe _____.
i) Worüber wollen wir uns denn jetzt _____?
j) Heinz ist Punk. Es ist klar, daß die Kollegen über ihn _____.

Lektion 9

B3 WS

20. Ergänzen Sie ‚sich setzen‘, ‚sitzen‘, ‚stehen‘ oder ‚liegen‘.

a) Mein Zimmer ist sehr niedrig. Man kann kaum _____.

b) Bitte _____ sie sich doch!

c) Anja _____ schon im Bett.

d) Ich _____ nicht so gern im Sessel, sondern lieber auf einem Stuhl.

e) Gelsenkirchen _____ bei Essen.

f) Wo _____ der Schnaps denn?

g) Es gab keine Sitzplätze mehr im Theater. Deshalb mußten wir _____.

h) Im Deutschkurs hat Angela sich zu mir _____.

i) Im Restaurant habe ich neben Carlo _____.

j) Deine Brille _____ im Regal.

B3 GR

21. Sagen Sie es anders.

a) Sie hat ihn in der U-Bahn kennengelernt, er hat sie in der U-Bahn kennengelernt.
   Sie haben sich in der U-Bahn kennengelernt.
   Ebenso:

b) Ich liebe dich, du liebst mich.

c) Er besucht sie, sie besucht ihn.

d) Ich helfe Ihnen, Sie helfen mir.

e) Ich höre Sie, Sie hören mich.

f) Ich sehe Sie morgen, Sie sehen mich morgen.

g) Er kann sie gut leiden, sie kann ihn gut leiden.

h) Er hat ihr Briefe geschrieben, sie hat ihm Briefe geschrieben.

i) Du brauchst ihn, er braucht dich.

j) Er schenkt ihr Blumen, sie schenkt ihm Blumen.

B3 GR

22. Sagen Sie es anders. Benutzen Sie die Wörter: ‚als‘, ‚bevor‘, ‚bis‘, ‚nachdem‘, ‚während‘, ‚weil‘, ‚wenn‘.

a) Bei Regen gehe ich nie aus dem Haus.
   Wenn es regnet, gehe ich nie aus dem Haus.
   Ebenso:

b) Vor seiner Heirat hat er viele Mädchen gekannt.

c) Nach dem Essen trinke ich gern einen Schnaps.

d) Wegen meiner Liebe zu dir schreibe ich dir jede Woche einen Brief.

e) Auf meiner Fahrt nach Spanien habe ich ein tolles Mädchen kennengelernt.

f) Es dauert noch ein bißchen bis zum Anfang des Films.

g) Bei Schnee ist die Welt ganz weiß.

h) Bei seinem Tod haben alle geweint.

i) Während des Streiks der Kollegen habe ich gearbeitet.

PETER BICHSEL

Die Tochter

Abends warteten sie auf Monika. Sie arbeitete in der Stadt, die Bahnverbindungen sind schlecht. Sie, er und seine Frau, saßen am Tisch und warteten auf Monika.

Seit sie in der Stadt arbeitete, aßen sie erst um halb acht. Früher hatten sie eine Stunde eher gegessen. Jetzt warteten sie täglich eine Stunde am gedeckten Tisch, an ihren Plätzen, der Vater oben, die Mutter auf dem Stuhl nahe der Küchentür, sie warteten vor dem leeren Platz Monikas. Einige Zeit später dann auch vor dem dampfenden Kaffee, vor der Butter, dem Brot, der Marmelade.

Sie war größer gewachsen als sie, sie war auch blonder und hatte die Haut, die feine Haut der Tante Maria. „Sie war immer ein liebes Kind", sagte die Mutter, während sie warteten.

In ihrem Zimmer hatte sie einen Plattenspieler, und sie brachte oft Platten mit aus der Stadt, und sie wußte, wer darauf sang. Sie hatte auch einen Spiegel und verschiedene Fläschchen und Döschen, einen Hocker aus marokkanischem Leder, eine Schachtel Zigaretten.

Der Vater holte sich seine Lohntüte auch bei einem Bürofräulein. Er sah dann die vielen Stempel auf einem Gestell, bestaunte das sanfte Geräusch der Rechenmaschine, die blondierten Haare des Fräuleins, sie sagte freundlich „Bitte schön", wenn er sich bedankte.

Über Mittag blieb Monika in der Stadt, sie aß eine Kleinigkeit, wie sie sagte, in einem Tearoom. Sie war dann ein Fräulein, das in Tearooms lächelnd Zigaretten raucht. Oft fragten sie sie, was sie alles getan habe in der Stadt, im Büro. Sie wußte aber nichts zu sagen.

Dann versuchten sie wenigstens, sich genau vorzustellen, wie sie beiläufig in der Bahn ihr rotes Etui mit dem Abonnement aufschlägt und vorweist, wie sie den Bahnsteig entlang geht, wie sie sich auf dem Weg ins Büro angeregt mit Freunden unterhält, wie sie den Gruß eines Herrn lächelnd erwidert.

Und dann stellten sie sich mehrmals vor in dieser Stunde, wie sie heimkommt, die Tasche und ein Modejournal unter dem Arm, ihr Parfüm; stellten sie sich vor, wie sie sich an ihren Platz setzt, wie sie dann zusammen essen würden. Bald wird sie sich in der Stadt ein Zimmer nehmen, das wußten sie, und daß sie dann wieder um halb sieben essen würden, daß der Vater nach der Arbeit wieder seine Zeitung lesen würde, daß es dann kein Zimmer mehr mit Plattenspieler gäbe, keine Stunde des Wartens mehr.

Auf dem Schrank stand eine Vase aus blauem schwedischen Glas, eine Vase aus der Stadt, ein Geschenkvorschlag aus dem Modejournal. „Sie ist wie deine Schwester", sagte die Frau, „sie hat das alles von deiner Schwester. Erinnerst du dich, wie schön deine Schwester singen konnte."

„Andere Mädchen rauchen auch", sagte die Mutter.

„Ja", sagte er, „das habe ich auch gesagt."

„Ihre Freundin hat kürzlich geheiratet", sagte die Mutter.

Sie wird auch heiraten, dachte er, sie wird in der Stadt wohnen.

Kürzlich hatte er Monika gebeten: „Sag mal etwas auf französisch."

„Ja", hatte die Mutter wiederholt, „sag mal etwas auf französisch." Sie wußte aber nichts zu sagen.

Stenografieren kann sie auch, dachte er jetzt.

„Für uns wäre das zu schwer", sagten sie oft zueinander.

Dann stellte die Mutter den Kaffee auf den Tisch. „Ich habe den Zug gehört", sagte sie.

Wie haben Sie sich kennengelernt?

Mit dem Kennenlernen ist es so eine Sache… Manchmal will man unbedingt – und es geht gar nichts. Ein anderes Mal passiert es, und man merkt es kaum. Wir ließen uns von Frauen und Männern erzählen, wie die Liebe bei ihnen anfing. Und was daraus geworden ist.

Ich weiß, es ist komisch: Ich diskutierte gerade mit Kollegen über die Frauenemanzipation, da lernte ich meinen Mann kennen. Das war bei einer Feier in unserem Forschungsinstitut. Bei der Arbeit finden sich ja sehr viele Paare.

Was wir da genau diskutiert haben, weiß ich heute nicht mehr.

Am Arbeitsplatz
Dr. Angela Scharf, 36, Ärztin

❞ Er war für die Emanzipation. Das fand ich toll. Einen solchen Mann hatte ich bisher noch nicht kennengelernt ❞

Aber ich kann mich genau erinnern, daß ich es ganz toll fand, als da plötzlich ein völlig unbekannter Mann am Tisch saß, der berufstätige Frauen nicht als unnatürlich und karrieresüchtig heruntermachte. Ich lernte ihn zwar an dem Abend nicht näher kennen, aber ich hatte ein sehr gutes Gefühl, als ich nach Hause ging.

Zwei Tage später schickte er mir einen Brief, per Hauspost im Institut. Richard arbeitete als Physiker in einer anderen Abteilung. Das war vor sechs Jahren, und seitdem haben wir uns keinen Tag getrennt. Heute muß ich sagen, ich habe einen wirklich tollen Mann gefunden, der in allem ein echter Partner ist. Was er mir erst viel später sagte: Ich war ihm damals schon vorher aufgefallen, und er war nur deshalb zu der Betriebsfeier gegangen, weil er mich kennenlernen wollte.

Ulrike war zwanzig und ich gerade einundzwanzig. In der Universität habe ich sie kennengelernt. Das heißt, zuerst fand ich sie ziemlich arrogant. Und dann habe ich gemerkt, daß sie mir genau gegenüber wohnt. Da bin ich einfach zu ihr gegangen. „Grüß Gott", habe ich gesagt, „mein Bus ist weg. Kannst du mich im Auto zum Seminar mitnehmen?"

Auf der Rückfahrt passierte es dann: Ulrike fuhr in ein anderes Auto hinein. Große Aufregung, die Polizei wurde gerufen. Ulrike hatte Angst, weil sie ihre Papiere nicht dabei hatte. Da habe ich ein Taxi genommen und bin zu ihren Eltern gefahren. „Ich brauche den Führerschein von Ihrer Tochter, aber schnell. Sie hat einen Unfall", habe ich der Mutter gesagt. Als ich zurück-

Autounfall
Joachim Kreutzer, 32, Designer

❞ Heute würde ich bestimmt nicht mehr so einfach ein Mädchen ansprechen. Aber bei Ulrike hatte ich den Mut – zum Glück ❞

kam, saß Ulrike immer noch bei der Polizei. Als wir dort fertig waren, habe ich zwei Tage nichts von ihr gehört.

Na ja, dann habe ich mein Werkzeug genommen und bin zu ihr gegangen. „Ich repariere dein Auto", habe ich gesagt. Um ehrlich zu sein – ich konnte das überhaupt nicht; das Auto sah danach nicht viel besser aus, aber es klappte mit Ulrike! Später hat sie mir erzählt, daß der Unfall nur deshalb passiert ist, weil sie so aufgeregt war. Sie wollte mich nämlich so gern kennenlernen. Aber von selbst hätte sie nie etwas gesagt…

Es war in einem Café. Ich saß vor meinem Glas Tee und hörte ganz genau, daß eine Gruppe von jungen Männern am Nachbartisch über mich redete. Neben mir stand eine Stehlampe, die ich gerade in der Fußgängerzone gekauft hatte. Als ich bezahlt hatte, nahm ich meine Lampe und wollte gehen. Da kam einer aus der Gruppe am Nachbartisch zu mir, nahm mir die Lampe weg und sagte laut: „He, was machen Sie denn da mit meiner Lampe?"

Alle Leute sahen uns an. Ich lachte etwas dumm und sagte: „Aber Moment mal, das ist doch meine Lampe…"

Mit einer dramatischen Bewegung drehte er sich zu seinen Freunden: „Leute, habt ihr das gehört? Habe ich diese Stehlampe nicht vor einer halben

Meine Stehlampe
Regina Behr, 27, Journalistin

" Ich dachte, dem zeige ich es jetzt, das kann der mit mir nicht machen! Und so fing die Geschichte an "

Stunde dort im Kaufhaus gekauft? Ihr wart doch dabei!"

Seine Freunde nickten und riefen: „Na klar doch, wir waren dabei."

Natürlich wußte ich, daß die Jungs sich über mich lustig machen wollten. Mir gefiel dieser Typ sogar. Trotzdem fühlte

ich mich gar nicht wohl, denn alle Leute schauten zu uns. Ich wollte raus. Sofort. Und plötzlich hörte ich mich kühl sagen: „Wenn das Ihre Lampe ist, dann habe ich mich wohl geirrt. Entschuldigung." Ich ging hinaus, blieb aber natürlich vor dem nächsten Haus stehen und wartete, was passierte.

Da stand der Typ schon in der Tür, schaute aufgeregt nach rechts, nach links, sah mich, lief zu mir, fiel mir um den Hals und sagte gleich du zu mir: „Mensch, du bist die erste Frau, die so reagiert. Natürlich ist das deine Lampe, ich bringe sie dir sogar nach Hause. Wie heißt du? Ich heiße Peter."

Das war vor drei Jahren. Die Lampe habe ich immer noch, aber Peter ist nur ein halbes Jahr bei mir geblieben.
Schade.

Es war kurz vor Weihnachten. So ein Tag, an dem es keinen Moment richtig hell wird, grau in grau. Trotzdem glückte mir alles: Morgens machte ich die Führerscheinprüfung, und nachmittags fand ich in einem Antiquitätengeschäft genau die silberne Zuckerdose, die ich schon lange gesucht hatte.

An der Straßenbahnhaltestelle (ich hatte damals noch kein Auto) sah ich noch einmal glücklich in die Tüte mit der Dose, als ein Mensch mit blonden Haaren, der neben mir stand, mich fragte: „Na, was haben Sie denn da Schönes?" Ich zeigte es ihm gern. Da fragte der Blonde mich, ob wir nicht eine Tasse Kaffee zusammen trinken wollten. Ich antwortete: „Tut mir leid, ich muß mich jetzt beeilen." Aber er wollte es unbedingt: „Dann vielleicht morgen um die gleiche Zeit, hier vor dem Cafe an der Haltestelle?" – „Ja, sehr gern", hörte ich mich sagen.

Am nächsten Tag wußte ich gar nicht mehr genau, wie der Mann eigentlich aussah. Blonde lange Haare, gut, aber die haben viele.

Er trug einen Parka und Jeans, aber die trägt heute fast jeder. Schließlich ging ich doch. An der Haltestelle suchte ich mit den Augen nach ihm, und – da war er! Ich ging zu ihm, und Minuten später saßen wir bei Kaffee und Tee. Überhaupt war alles wunderschön. Nur – er war gar nicht

Es war ein anderer…
Dorothea Mosner, 23, Sekretärin

" Einfach zu einem Mann gehen und mit ihm reden – nie! Und dann ist es doch passiert "

der Mann vom Tag vorher! Ich hatte ihn noch nie gesehen. Heute sind wir zwei Jahre zusammen, und wir sind sehr glücklich. Den Mann vom Tag vorher? Den habe ich nie wiedergesehen.

Unsere Umfrage für die Februar-Ausgabe:

Was hilft Ihnen bei Depressionen?

Manche kaufen sich Blumen, andere stellen sich unter die kalte Dusche, wieder andere gehen im Wald spazieren. Aber vielleicht haben Sie eine weniger übliche Methode? Dann schreiben Sie uns doch **bis zum 10. Januar**, was sie machen, um mit Ihren seelischen Tiefpunkten fertigzuwerden, und legen Sie ein Foto bei. Für jeden abgedruckten Beitrag gibt's dreißig Mark!

Kontakt gesucht!

Welcher kinderliebe, häusliche Mann bis 55 J. schenkt mir u. meinen 2 Kindern Geborgenheit? Bin 39 J., 1,60 gr., hübsch, liebe d. Natur, Wandern, Musik u. ein gemütl. Zuhause. Zuschriften Pressehaus Bayerstraße, München. MT 013586/2.

?? Gibt es eigentlich noch so ein Mann, auf d. m. s. verlassen kann; d. sich n. imm. a. Bierkrug festhält u. von schlecht. Erfahrg. erz.; d. noch herzl. lach., m. d. m. Blödsinn mach. k.; d. musikal. u. naturverbunden? So ein. hätten wir (41 + 12) gern gefunden. Zuschriften Pressehaus Bayerstraße, München. MT 013553/2.

Leicht behinderte Frau Mitte 40, blond, treu, häuslich usw. su. einfachen Partner, eventuell Frührentner o. auch leicht körperbehindert! bis 55 Jahre. Zuschriften Pressehaus Bayerstraße, München. B 7890.

Sie, fröhlich, nicht kompliziert, sehr reiselustig u. aufgeschlossen, verw. Münchnerin, sucht passsenden Partner bis etwa 58 Jahre. Zuschriften Pressehaus Bayerstraße, München. MB 7880.

Kl. Frauchen, 156, 57 kg, tierl. u. häusl. braucht Deine Liebe. Zuschriften Pressehaus Bayerstraße, München. B 7803.

Gebildete Blondine s. tierlieb. Partner m. Haus u. Garten ab 57 J. Zuschriften Pressehaus Bayerstraße, München. MT 013599/2.

Mein Wunsch ist es auf d. Weg e. liebenswert. gebild. Herrn kennenzulern. (55–62 J.) Ich bin alleinsteh., verwitw., 168 gr., häusl., fraul., musisch interr. u. v. freundl. Wesensart. Bitte Zuschriften u. Ch. 710/3871 an Ga-Pa. Tagblatt.

1. Wie heißen diese Dinge?

WS

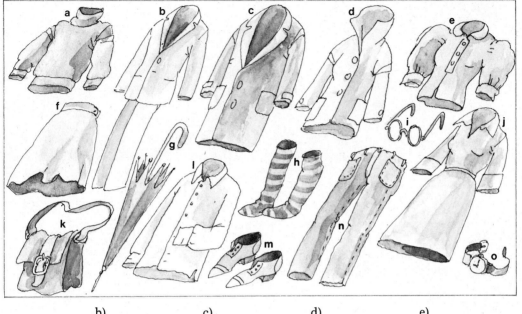

a) _____ b) _____ c) _____ d) _____ e) _____
f) _____ g) _____ h) _____ i) _____ j) _____
k) _____ l) _____ m)_____ n) _____ o) _____

2. Wie sind die Menschen?

WS

bescheiden	dick	müde	gefährlich	traurig	vorsichtig
schmutzig	nervös	ruhig	arm	sparsam	pünktlich

a) Ingeborg wiegt zuviel. Sie ist zu _____.
b) Erich hat sehr wenig Geld, er ist _____.
c) Viele Leute haben Angst, wenn sie Punks sehen. Sie glauben, Punks sind _____.
d) Meine kleine Tochter wäscht sich nicht gerne. Sie ist meistens _____.
e) Silvia gibt wenig Geld aus. Sie ist eine _____ Hausfrau.
f) Herr Berg kommt nie zu früh und nie zu spät. Er ist immer _____.
g) Peter erzählt selbst sehr wenig, er hört lieber zu. Er ist ein sehr _____ Mensch.
h) Albert regt sich über alles auf. Er ist ziemlich _____.
i) Hans schläft oft sehr schlecht. Deshalb ist er morgens oft _____.
j) Jörg lacht sehr selten. Meistens sieht er sehr _____ aus.
k) Veronika fährt immer langsam und paßt gut auf. Sie ist eine _____ Autofahrerin.
l) Frau Wertz hat selten Wünsche. Sie ist meistens _____.

Lektion 10

3. Birgit weiß auch noch nichts.

Birgits Freund Werner hatte einen Autounfall. Eine Freundin ruft sie an und fragt nach Werner, aber Birgit weiß selbst noch nichts. Was sagt Birgit?

Ergänzen Sie.

a) O Sind seine Verletzungen gefährlich?
   ☐ Ich weiß auch noch nicht, ob *seine Verletzungen ge*
b) O Wie lange muß er im Krankenhaus bleiben?
   ☐ Der Arzt konnte mir noch nicht sagen, wie lange _____
c) O Wo ist der Unfall passiert?
   ☐ Ich habe noch nicht gefragt, _____
d) O War noch jemand im Auto?
   ☐ Ich kann dir nicht sagen, _____
e) O Wohin wollte er denn fahren?
   ☐ Er hat mir nicht erzählt, _____
f) O Ist der Wagen ganz kaputt?
   ☐ Ich weiß nicht, _____
g) O Kann man ihn schon besuchen?
   ☐ Ich habe den Arzt noch nicht gefragt, _____
h) O Bezahlt die Versicherung die Reparatur des Wagens?
   ☐ Ich habe die Versicherung noch nicht gefragt, _____

4. Wie heißen die Sätze richtig?

a) Kurt ist ein guter Autofahrer, obwohl / seinen / er / zwei Monaten / erst / hat / Führerschein / seit / .

Ebenso:
b) Der Motor zieht nicht richtig, obwohl / Werkstatt / in / letzte / war / Woche / erst / der / der / Wagen / .
c) Ich nehme jetzt einen Kleinwagen, denn / Benzin / der / weniger / braucht / .
d) Ich muß den Wagen jetzt abholen, weil / morgen / ich / Zeit / keine / habe / .
e) Kannst du den Wagen in der Werkstatt anmelden, bevor / zur / gehst / du / Arbeit / ?
f) Herr Kohnen hat sich darüber gefreut, daß / so / hat / wenig / die / gekostet / Reparatur / .
g) Kleinwagen sparen Benzin, aber / große / klein / eine / zu / Familie / für / sind / sie / .
h) Ich habe schon einmal den Führerschein verloren, deshalb / Alkohol / kann / mehr / Autofahrt / keinen / ich / einer / vor / trinken / .

112

5. Sagen Sie es anders. Verwenden Sie die Wörter ‚bevor', ‚als' oder ‚während'.

GR

a) Adele hat Kinderschwester gelernt. Danach hat sie geheiratet.

Bevor Adele geheiratet hat, hat sie Kinderschwester gelernt.

Ebenso:

b) Maria hat zuerst mit ihrer Mutter alleine gelebt. Danach hat sie bei ihrem Großvater gewohnt.

c) Maria war gerade zwei Jahre alt, da ist ihr Vater gestorben.

d) Adeles Mutter hat nachmittags immer geschlafen. In dieser Zeit durften die Kinder nicht spielen.

e) Ulrike ist noch zur Schule gegangen, da ist sie schon zu Hause ausgezogen.

6. Alltagstrott

SA

Für Petra Maurer war gestern ein ganz normaler Tag. Schreiben Sie, was Petra gemacht hat. Benutzen Sie auch ‚dann', ‚danach', ‚später', ‚zuerst', ‚als', ‚aber', ‚deshalb'.

– Wecker klingelt 6.45 Uhr	– 8.35 Uhr Arbeit anfangen
– noch 10 Minuten im Bett bleiben	– vier Briefe schreiben
– aufstehen	– zwei Briefe aus Spanien übersetzen
– Haare waschen	– Schreibmaschine kaputt gehen,
– sich wiegen	nicht selbst reparieren können
– Kaffee trinken	– früher aufhören
– Auto aus Garage holen	– nach Hause fahren
– Kollegin abholen	– zu Hause Suppe kochen und essen
– tanken müssen	– zwei Stunden fernsehen
– zum Büro fahren	– 5 Zigaretten rauchen
– hoffen, schnell Parkplatz zu finden	– im Bett lesen
– 15 Minuten suchen müssen	– um 11.30 Uhr einschlafen

Um 6.45 Uhr hat der Wecker geklingelt, aber Petra ist noch zehn Minuten ...
Dann ist sie ...

7. Welches Wort paßt wo? Ergänzen Sie.

WS

~~Dose~~	Sprache	Heizung	Brot	Buch	Päckchen	Radio	Flasche	Licht
Frage	Stelle	Brief	Schule	Antwort	Fleisch	Universität		Geld
Kühlschrank	Leute	Film	Fahrrad	Kuchen	Kleidung			Apparat
Paket	Gemüse	Deutsch	Tür	Koffer	Platz			Beruf

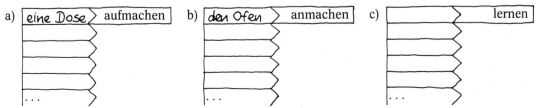

a) eine Dose > aufmachen   b) den Ofen > anmachen   c) _____ > lernen

Lektion 10

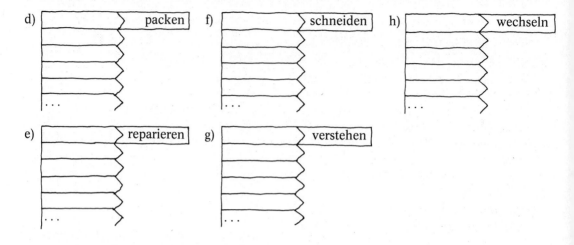

d) packen
e) reparieren
f) schneiden
g) verstehen
h) wechseln

WS

8. Welches Wort paßt wo? Ergänzen Sie.

vom Urlaub   mit der Schule   für den Brief   über ihren Hund   von seinem Bruder
mit der Untersuchung   um eine Zigarette   auf das Wochenende   auf den Urlaub
auf eine bessere Regierung   mit dem Frühstück   um die Adresse   um eine Antwort
für die Verspätung   auf besseres Wetter   mit der Arbeit   von ihrem Unfall
über die Regierung   auf das Essen   für ein Haus   um Feuer   über den Sportverein
auf Sonne   für die schlechte Qualität   von seiner Krankheit   um Auskunft
für eine Schiffsreise   für meine Tochter   auf den Sommer

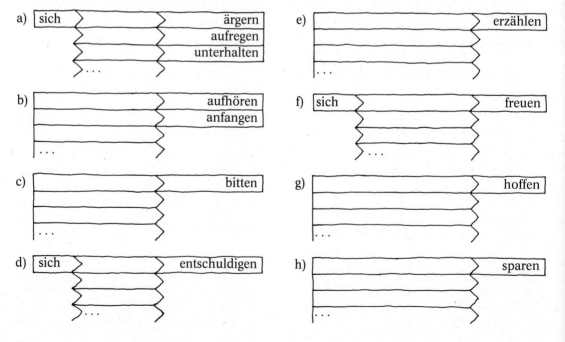

a) sich ärgern / aufregen / unterhalten
b) aufhören / anfangen
c) bitten
d) sich entschuldigen
e) erzählen
f) sich freuen
g) hoffen
h) sparen

114

9. Sagen Sie es anders. Verwenden Sie einen Infinitivsatz oder einen ,daß-Satz'.
Manchmal sind auch beide möglich.

a) Skifahren kann man leicht lernen. Versuch es doch mal!
   Versuch doch mal, Skifahren zu lernen. Es ist leicht.
   Ebenso:
b) Im nächsten Sommer fahren wir wieder in die Türkei. Das verspreche ich dir.
c) Bei diesem Wetter willst du das Auto waschen? Das hat doch keinen Zweck.
d) Ich suche meinen Regenschirm. Kannst du mir helfen?
e) Es schneit nicht mehr. Es hat aufgehört.
f) Du wolltest doch mit uns Fußball spielen. Hast du das vergessen?
g) Ihr wollt Fahrrad fahren? Bei diesem Nebel habe ich keine Lust.
h) Heute gehe ich nicht schwimmen. Ich habe keine Zeit.
i) Ich finde, wir sollten mal wieder essen gehen.

10. Herr Petersen möchte nur noch vier Stunden pro Tag arbeiten.
Er sagt auch, warum er das möchte. Sagen Sie es anders.

a) Ich möchte nur noch vier Stunden pro Tag arbeiten,
   weil ich dann mehr Zeit für meine Hobbys habe.
   um mehr Zeit für meine Hobbys zu haben.
   damit ich mehr Zeit für meine Hobbys habe.
   Ebenso: (Sätze mit ,um . . . zu' sind nicht immer möglich!)
b) weil ich dann morgens länger schlafen kann.
c) weil meine Kinder mich dann öfter sehen.
d) weil meine Frau dann wieder arbeiten kann.
e) weil ich dann ruhiger leben kann.
f) weil ich meine Freunde dann öfter treffen kann.
g) weil meine Frau und ich dann öfter zusammen sind.
h) weil ich dann öfter im Garten arbeiten kann.

11. Erinnern Sie sich noch an Frau Bauer? Sie hat ihre Freundin Christa gefragt, was sie
machen soll. Das sind Christas Antworten. Sagen Sie es anders.

a) Er kann dir doch im Haushalt helfen.   *Er könnte*
b) Back ihm doch keinen Kuchen mehr.   *Ich würde ihm*
c) Kauf dir doch wieder ein Auto.
d) Er muß sich eine neue Stelle suchen.
e) Er soll sich neue Freunde suchen.
f) Ärger dich doch nicht über ihn.
g) Er kann doch morgens spazierengehen.
h) Sag ihm doch mal deine Meinung.
i) Er soll selbst einkaufen gehen.
j) Sprich doch mal mit ihm über
   euer Problem.

Lektion 10

WS

12. Was paßt wo? Ergänzen Sie.

| falsch | schlank | scharf | schwierig | breit | sympathisch | ~~gelb~~ |
| niedrig | feucht | froh | jung | heiß | verwandt | preiswert |

a) rot – blau – _gelb_

b) kurz – lang – _____

c) einfach – leicht – _____

d) dick – dünn – _____

e) kalt – warm – _____

f) klein – hoch – _____

g) süß – sauer – _____

h) teuer – billig – _____

i) wahr – richtig – _____

j) zufrieden – glücklich – _____

k) naß – trocken – _____

l) fremd – bekannt – _____

m) freundlich – nett – _____

n) neu – modern – _____

WS

13. Was paßt wo? Ergänzen Sie.

a) Verkehr

d) Wetter

g) Natur

j) Betrieb

b) Zeit

e) Post

h) Familie

k) Technik

c) Politik

f) Tiere

i) Schule

l) Geld

Briefumschlag	Lehrer	Schwester	Kollege	Unfall	Päckchen
Eltern	Briefmarke	Monat	Partei	Rechnung	Baum	Wald	Nebel
Paket	Kinder	Industrie	Uhr	Prüfung	Panne	Schnee	Krieg
Zeugnis	Versicherung	Maschine	Angestellter	Katze	Schwein	Sonne
Tag	Gewerkschaft	Gewitter	Pflanze	Verwandte	Elektromotor	Steuer
Datum	Vogel	Führerschein	Bank	Werkstatt	Betriebsrat	Fahrplan
Stunde	Fisch	Regierung	Unterricht	Konto	Kilometer	Regen	Arbeiter
Telegramm	Bruder	Klasse	Hund	Wahl	Apparat	Abteilung	Meer	Blume

14. Ergänzen Sie.

a) Das ist meine Schwester, _____ jetzt in Afrika lebt.
b) Das ist das Haus, _____ _____ ich lange gewohnt habe.
c) Das ist mein Bruder Bernd, _____ _____ ich dir gestern erzählt habe.
d) Hier siehst du den alten VW, _____ ich zwölf Jahre gefahren habe.
e) Das ist der Mann, _____ _____ ich den ersten Kuß bekommen habe.
f) Das sind Freunde, _____ _____ ich vor zwei Jahren im Urlaub war.
g) Das sind die Nachbarn, _____ _____ Kinder ich abends manchmal aufpasse.
h) Hier siehst du einen Bekannten, _____ Schwester mit mir studiert hat.
i) Und hier ist die Kirche, _____ _____ ich geheiratet habe.
j) Das ist die Tante, _____ alten Schrank ich bekommen habe.
k) Hier siehst du meine Großeltern, _____ jetzt im Altersheim wohnen.

15. Schlagzeilen aus der Presse. Ergänzen Sie die Präpositionen.

> zwischen während von ... bis seit in nach aus bis auf bei mit gegen durch
> unter   über   von ... nach

a) Autobahn _____ das Rothaargebirge wird doch nicht gebaut
b) Ostern: Wieder viel Verkehr _____ unseren Straßen
c) 1000 Arbeiter _____ AEG entlassen
d) U-Bahn _____ Bornum _____ List fertig: 40 000 fahren jetzt täglich _____ der Erde
e) _____ Bremen und Glasgow gibt es jetzt eine direkte Flugverbindung
f) Autobahn A 8 jetzt _____ Wilhelmshaven fertig
g) Flüge _____ den Atlantik _____ Kanada und USA werden billiger
h) Lastwagen _____ Haus gefahren
i) Theatergruppe _____ China zu Gast _____ Düsseldorf
j) Parken im Stadtzentrum _____ 9.00 _____ 18.00 Uhr jetzt ganz verboten
k) Halbe Preise bei der Bahn für Jugendliche _____ 25 und für Rentner _____ 60
l) Dieses Jahr: Viele Geschäfte _____ Weihnachten und Neujahr geschlossen
m) Stadt muß sparen: Weniger U-Bahnen _____ Mitternacht
n) Probleme in der Landwirtschaft: _____ fünf Wochen kein Regen
o) Der Sommer beginnt: _____ zwei Wochen öffnen die Schwimmbäder
p) Aktuelles Thema beim Frauenärzte-Kongreß: _____ 40 Jahren noch ein Kind?
q) Stadtbibliothek noch _____ Montag geschlossen
r) Alkoholprobleme in den Betrieben: Viele trinken auch _____ der Arbeitszeit

Lektion 10

16. Was paßt wo?

| besuchen beantragen anziehen kündigen erklären anrufen abschließen hören kennenlernen waschen anmelden gewinnen bauen einladen entlassen |

a) das Auto
die Tür
das Haus

f) den Vertrag
die Wohnung
dem Angestellten

k) das Problem
den Apparat
die Grammatik

b) das Kleid
den Mantel
den Pullover

g) das Auto
den Fernseher
das Radio

l) ein Haus
eine Straße
eine Garage

c) Gäste
Freunde
Bekannte

h) das Spiel
die Wahl
Geld

n) das Gesicht
die Haare
die Bluse

d) Radio
Musik
Nachrichten

i) Bernd
den Handwerker
die Bank

m) Leute
Menschen
Kollegen

e) den Arbeiter
den Angestellten
die Sekreärin

j) ein Zeugnis
einen Reisepaß
einen Ausweis

o) die Schule
Verwandte
einen Kurs

17. Ergänzen Sie.

Wir sind ein bekannt_____ **Autohaus** in Offenbach und suchen einen freundlich_____
Automechaniker.

Wir bieten Ihnen einen interessant_____ Arbeitsplatz mit nett_____ Kollegen und einem
gut_____ Betriebsklima. Wir wünschen uns einen jung_____ Mitarbeiter mit ausgezeich-
net_____ Zeugnissen. Das gut_____ Gehalt, der sicher_____ Arbeitsplatz und die
modern_____ Werkstatt in unserem neu_____ Betrieb überzeugen Sie bestimmt.
Schreiben Sie Ihre kurz_____ Bewerbung an

Autohaus Nordwest
Giselastraße 29
Offenbach a. M.

Legende von der Entstehung des Buches Taoteking auf dem Weg des Laotse in die Emigration

1

Als er siebzig war und war gebrechlich
Drängte es den Lehrer doch nach Ruh
Denn die Güte war im Lande wieder einmal schwächlich
Und die Bosheit nahm an Kräften wieder einmal zu.
Und er gürtete den Schuh.

2

Und er packte ein, was er so brauchte:
Wenig. Doch es wurde dies und das.
So die Pfeife, die er immer abends rauchte
Und das Büchlein, das er immer las.
Weißbrot nach dem Augenmaß.

3

Freute sich des Tals noch einmal und vergaß es
Als er ins Gebirg den Weg einschlug.
Und sein Ochse freute sich des frischen Grases
Kauend, während er den Alten trug.
Denn dem ging es schnell genug.

4

Doch am vierten Tag im Felsgesteine
Hat ein Zöllner ihm den Weg verwehrt:
„Kostbarkeiten zu verzollen?" – „Keine."
Und der Knabe, der den Ochsen führte, sprach: „Er hat gelehrt."
Und so war auch das erklärt.

5

Doch der Mann in einer heitren Regung
Fragte noch: „Hat er was rausgekriegt?"
Sprach der Knabe: „Daß das weiche Wasser in Bewegung
Mit der Zeit den mächtigen Stein besiegt.
Du verstehst, das Harte unterliegt."

6

Daß er nicht das letzte Tageslicht verlöre
Trieb der Knabe nun den Ochsen an
Und die drei verschwanden schon um eine schwarze Föhre
Da kam plötzlich Fahrt in unsern Mann
Und er schrie: „He, du! Halt an!

7

Was ist das mit diesem Wasser, Alter?"
Hielt der Alte: „Interessiert es dich?"
Sprach der Mann: „Ich bin nur Zollverwalter
Doch wer wen besiegt, das interessiert auch mich.
Wenn du's weißt, dann sprich!

8

Schreib mir's auf! Diktier es diesem Kinde!
So was nimmt man doch nicht mit sich fort.
Da gibt's doch Papier bei uns und Tinte
Und ein Nachtmahl gibt es auch: ich wohne dort.
Nun, ist das ein Wort?"

9

Über seine Schulter sah der Alte
Auf den Mann: Flickjoppe. Keine Schuh.
Und die Stirne eine einzige Falte.
Ach, kein Sieger trat da auf ihn zu.
Und er murmelte: „Auch du?"

10

Eine höfliche Bitte abzuschlagen
War der Alte, wie es schien, zu alt.
Denn er sagte laut: „Die etwas fragen
Die verdienen Antwort." Sprach der Knabe:
   „Es wird auch schon kalt."
„Gut, ein kleiner Aufenthalt."

11

Und von seinem Ochsen stieg der Weise
Sieben Tage schrieben sie zu zweit.
Und der Zöllner brachte Essen
   (und er fluchte nur noch leise
Mit den Schmugglern in der ganzen Zeit).
Und dann war's soweit.

12

Und dem Zöllner händigte der Knabe
Eines Morgens einundachtzig Sprüche ein.
Und mit Dank für eine kleine Reisegabe
Bogen sie um jene Föhre ins Gestein.
Sag jetzt: kann man höflicher sein?

13

Aber rühmen wir nicht nur den Weisen
Dessen Name auf dem Buche prangt!
Denn man muß dem Weisen seine Weisheit
   erst entreißen.
Darum sei der Zöllner auch bedankt:
Er hat sie ihm abverlangt.

Goethe

Er ist kein typischer Sohn seiner Familie. Johann Wolfgang Goethes Vorfahren waren Metzger, Juristen und Weinhändler, aber keine Künstler. Der Großvater war zuerst Damenschneider, später Gastwirt. Goethes Mutter, eine lebenslustige Frau, kam aus einer Juristenfamilie. Der Vater hatte studiert. Die Ausbildung seiner Kinder war ihm sehr wichtig.

Johann Wolfgang ist ein lebhaftes Kind und ein sehr guter Schüler. Er hat viel Phantasie und erlebt alles sehr intensiv. Er interessiert sich auch für die damals so beliebten Puppenspiele. In einem dieser Puppenspiele tritt auch „Dr. Faustus" auf, der dem Teufel seine Seele verkauft.

Die dunkle Geschichte des Dr. Faustus paßt gut in die Zeit des 18. Jahrhunderts. Geisterseher und Astrologen ziehen durch das Land und versprechen den Leuten, ihnen die Zukunft zu zeigen. Aus Giftküchen kommt viel falsche Medizin, die als Zaubertrunk verkauft wird. Die Naturwissenschaft steht noch am Anfang. Auch der junge Goethe macht Experimente im Labor.

Aber früh sieht er, daß mit der Naturwissenschaft auch Gefahren verbunden sind. Das zeigt seine Ballade „Zauberlehrling": Der alte Hexenmeister ist gerade nicht in seinem Zauberlabor. Nun will sein Lehrling einmal sehen, was er alleine kann. Er ruft die Geister. Sie sollen ihm Badewasser holen.

Walle! walle
Manche Strecke,
Daß, zum Zwecke,
Wasser fließe
Und mit reichem, vollem Schwalle
Zu dem Bade sich ergieße.

Da bekommt ein alter Besen plötzlich Beine, läuft zum Fluß, bringt Wasser, wird immer schneller, bringt immer mehr Wasser.

Immer neue Güsse
Bringt er schnell herein,
Ach! und hundert Flüsse
Stürzen auf mich ein.

Der Lehrling weiß nicht, was er machen soll. Er hat die Zauberformel vergessen, mit der er den Besen wieder in die Ecke schicken könnte. Schließlich schlägt er den Besen in zwei Stücke. Aber nun laufen zwei halbe Besen zum Fluß und bringen immer mehr Wasser. Fast das ganze Haus ist nun voll Wasser. Endlich kommt der Hexenmeister zurück und spricht die Zauberformel:

In die Ecke,
Besen! Besen!
Seid's gewesen.
Denn als Geister
Ruft euch nur, zu diesem Zwecke,
Erst hervor der alte Meister.

Der junge Goethe ist sehr ironisch, aber auch weich und sensibel. Oft ist er verliebt. In Frankfurt verliebt er sich in eine Kellnerin in einem Gasthaus. Er nennt sie Gretchen. So heißt später auch die wichtigste Frauenfigur im „Faust". Wenn sie zusammen spazierengehen, darf sie niemand sehen. Denn Goethe ist ein Sohn reicher Eltern und Gretchen nur ein einfaches Mädchen. Aber eines Tages will Gretchen nicht mehr. Sie findet Johann Wolfgang noch zu jung. Er ist deshalb enttäuscht und verletzt.

Danach geht er nach Leipzig und fängt dort ein Studium an. Er studiert Jura; nicht, weil er sich dafür besonders interessiert, sondern weil sein Vater das gerne möchte. Aber er denkt lieber an andere Dinge. In einem Brief an seine Schwester Cornelia schreibt er einmal: „Oft gehe ich hübsche Weiber und hübsche Mädchen besuchen."

Später, als er in Straßburg studiert, verliebt er sich in Friederike Brion, die Tochter eines Pfarrers aus Sesenheim. Ist es vielleicht die große Liebe? Es scheint so. An einem schönen Tag im Mai reitet Goethe über das Land. Spät am Abend kommt er nach Sesenheim zurück und schreibt das „Mailied":

Wie herrlich leuchtet
Mir die Natur!
Wie glänzt die Sonne!
Wie lacht die Flur!

Es dringen Blüten
Aus jedem Zweig
Und tausend Stimmen
Aus dem Gesträuch

Und Freud und Wonne
Aus jeder Brust.
O Erd, o Sonne!
O Glück, o Lust! (…)

Goethe will frei bleiben, er möchte die Welt kennenlernen. Heimlich reitet er nach Frankfurt zurück und sieht Friederike nie wieder. In Frankfurt verlobt er sich mit der Tochter eines Kaufmanns. Doch dann flieht er wieder – diesmal in die Schweiz. Trennungen schmerzen ihn sehr, aber er verwandelt sie in Lyrik. Nach der Trennung von Friederike schreibt er:

Du gingst, ich stand und sah zur Erden
Und sah dir nach mit nassem Blick:
Und doch, welch Glück, geliebt zu werden!
Und lieben, Götter, welch ein Glück!

Durch Lyrik versucht er, seine Probleme und Konflikte zu lösen. Doch das Problem, wer hier wen verlassen hat, verfolgt ihn noch lange. Später schreibt er das Gedicht anders:

Ich ging, du standst und sahst zur Erden
Und sahst mir nach mit nassem Blick:
Und doch…

Später, als er Minister in Weimar ist, liebt er Charlotte von Stein, eine kluge und sehr interessante Frau. Aber er heiratet Christiane Vulpius, ein Mädchen vom Land, das kaum lesen und schreiben kann.

In dieser Zeit ist Goethe schon sehr bekannt. Sein Drama „Götz von Berlichingen" ist ein großer Erfolg. Götz, ein Raubritter, kämpft für revolutionäre Ideen. Die Menschen in dem Drama sprechen eine Sprache, die viele Menschen leicht verstehen können. Schon vorher (1774) schrieb Goethe einen der ersten „Bestseller" der Weltliteratur, „Die Leiden des jungen Werther". In diesem Roman erschießt sich ein junger Mann mit einer Pistole. Das Motiv: unglückliche Liebe und Weltschmerz. Ganz Europa kauft und liest diesen Liebesroman. Man spricht vom „Werther-Fieber".

Goethe schreibt weiter große Tragödien und Romane. Aber er bleibt immer auch Lyriker. Über seine Gedichte muß man nachdenken. Er vergleicht sie mit „gemalten Fensterscheiben" in einer Kirche. Von draußen sieht man nur dunkles Glas, aber in der Kirche: „Da ist's auf einmal farbig helle." Wenn man „drinnen" steht und die 200 Jahre alten Gedichte genau liest, dann sind sie auch heute noch lebendig.

1933: Bücherverbrennung in Deutschland

»In Berlin hat die politische Polizei schätzungsweise etwa 10 000 Bücher und Zeitschriften beschlagnahmt und in die Ställe der ehemaligen berittenen Schutzpolizei geschafft, wo sie einer eingehenden Sichtung unterzogen werden. Die Durchführung der Beschlagnahme ging nicht immer reibunslos vonstatten. Bald nach dem Bekanntwerden der Aktion schafften viele Büchereien ihre Bücher in Schlupfwinkel, um sie dem Zugriff der Polizei zu entziehen. Die meisten Verstecke wurden jedoch ausfindig gemacht. Viele Büchereien wurden, in Remisen, Kellern, Gartenlauben, Böden und in Privatwohnungen verteilt, vorgefunden.« (»Völkischer Beobachter« vom 21./22. Mai 33.)

Am 10. Mai loderten auf dem Platz vor der Berliner Oper, gegenüber der Universität, die Flammen eines großen Scheiterhaufens. Der schwarze Platz war von braunen und schwarzen Formationen der SA und SS militärisch abgeriegelt. Lastautos brachten riesige Stapel von Büchern. Musikkapellen spielten, Rufe dröhnten, der Propagandaminister Goebbels kam im Auto angerast. Im Jahre 1933 fand dieses einzigartige Schauspiel der Bücherverbrennung statt, beglei-

tet von den Klängen des »Horst-Wessel«-und des Deutschland-Liedes.

Es flogen auf den Scheiterhaufen die Werke von Karl Marx, Friedrich Engels, von Lenin und Stalin, von Rosa Luxemburg, Karl Liebknecht und August Bebel. Die Verbrennung

»Berlin, 10. Mai. In München fand im Lichthof der Universität eine Feier statt, bei der der Rektor, Geheimrat von Zumbusch, das neue Studentenrecht übergab. Die Festrede hielt der Bayerische Kulturminister Schemm, der über die nationale Revolution und die Aufgaben der Universitäten sprach. Den Abschluß bildete ein Fackelzug zum Königsplatz, wo die Verbrennung undeutscher Bücher stattfand.
In Dresden sprach auf der Kundgebung der Studentenschaft der Dichter Wilhelm Vesper, auch dort bildete sich nach dem Festakt ein großer Fackelzug, der zur Bismarck-Säule führte, wo nach einer Ansprache des Ältesten der Dresdener Studenten-

der Werke dieser großen Gelehrten und Kämpfer, die der arbeitenden Menschheit den Weg zu ihrer Befreiung gewiesen haben, wurde zum Schauspiel für eine entfesselte reaktionäre Meute. »Deutschland, Deutschland, über alles…«!

Es flogen in die züngelnden Flammen die Werke pazifistischer Schriftsteller, es verbrannten die Bücher bürgerlicher Dichter und Sozialreformer, deren Namen den höchsten Rang im bürgerlichen Deutschland bedeuteten. Das Feuer vernichtete

schaft die gesamte Schund- und Schmutzliteratur verbrannt wurde.
In Breslau fand die Kundgebung der Studentenschaft auf dem Schloßhof statt. Nach der Festrede des Universitätsprofessors Bornhausen wurden etwa 40 Zentner Schund- und Schmutzliteratur verbrannt.
In Frankfurt a. M. leitete Universitätsprofessor Fricke den Akt ein, der auf dem historischen Römerberg vollzogen wurde. Ein Wagen mit der Bücherfracht, die symbolisch verbrannt werden sollte, wurde von zwei Ochsen auf den Verbrennungsplatz gezogen. Die Verbrennung schloß mit der Absingung des »Horst-Wessel-Liedes.«

Bücher von Thomas Mann und Heinrich Mann, Leonhard Frank, Magnus Hirschfeld, Sigmund Freud, Jakob Wassermann, Stefan Zweig, Bert Brecht, Alfred Döblin und Theodor Plivier. »Deutschland, Deutschland über alles…«!

Erich Kästner

Das blutige Rot der Scheiterhaufen ist immergrün

Seit Bücher geschrieben werden, werden Bücher verbrannt. Seit es die Erstgeburt gibt, gibt es, als Antwort, den Haß. Die Geschichte des Geistes und des Glaubens ist zugleich die Geschichte des Ungeistes und des Aberglaubens. Die Geschichte der Literatur und der Kunst ist zugleich eine Geschichte des Hasses und des Neides. Die Geschichte der Freiheit ist, im gleichen Atem, die Geschichte ihrer Unterdrückung.

Seit Bücher geschrieben werden, werden Bücher verbrannt. Dieser Satz hat die Gültigkeit und Unzerreißbarkeit eines Axioms. Er galt zur Zeit der römischen Soldatenkaiser und unter Kubilai Khan, bei Cromwell und für die Konquistadoren, für Savonarola, Calvin und Jacob Stuart, für die Jesuiten, die Dominikaner und die Puritaner, für China und Rom, für Frankreich, Spanien, England, Irland und Deutschland, für Petersburg, Boston und Oklahoma City. Immer wieder hatten die Flammen ihren züngelnden Wolfshunger, und immer wieder war ihnen das Beste gerade gut genug. Sie fraßen die Werke von Ovid und Properz, von Dante, Boccaccio, Marlowe, Erasmus, Luther, Pascal, Defoe, Swift, Voltaire und Rousseau. Manchmal fraßen sie den Autor oder den Drucker als Dreingabe. Oder sie leuchteten, damit der Henker den Angeklagten um so besser die Ohren abschneiden, die rechte Hand abhacken und das Nasenbein zertrümmern konnte.

Hören Sie sich, bitte, ein paar Sätze aus einem Buch an, und versuchen Sie zu erraten, wer das und wann er es geschrieben haben könnte! »Man hat nicht nur gegen die Autoren, sondern auch gegen ihre Bücher gewütet, indem man besondere Kommissare beauftragte, die Geisteserzeugnisse der bedeutendsten Köpfe auf offenem Markte zu verbrennen. Natürlich meinte man in diesem Feuer die Stimme des Volkes, die Freiheit und das Ge-

wissen töten zu können. Man hatte ja obendrein die großen Philosophen ausgewiesen und alle echte Kunst und Wissenschaft ins Exil getrieben . . .« Das hat Tacitus nach der Schreckensherrschaft des Kaisers Domitian geschrieben, der im Jahre 96 n. Chr. ermordet wurde. Jahrhunderte und ein halbes sind vor diesen Sätzen vergangen wie ein Tag und wie eine Nachtwache. Und Heinrich Heines Verse aus dem »Almansor«, »Dort, wo man die Bücher verbrennt, verbrennt man auch am Ende Menschen«, galten zwar den spanischen Autodafés und wurden dennoch zur Prophezeiung. Das blutige Rot der Scheiterhaufen ist immergrün.

. . .

Die Ereignisse von 1933 bis 1945 hätten spätestens 1928 bekämpft werden müssen. Später war es zu spät. Man darf nicht warten, bis der Freiheitskampf Landesverrat genannt wird. Man darf nicht warten, bis aus dem Schneeball eine Lawine geworden ist. Man muß den rollenden Schneeball zertreten. Die Lawine hält keiner mehr auf. Sie ruht erst, wenn sie alles unter sich begraben hat.

Das ist die Lehre, das ist das Fazit dessen, was uns 1933 widerfuhr. Das ist der Schluß, den wir aus unseren Erfahrungen ziehen müssen, und es ist der Schluß meiner Rede. Drohende Diktaturen lassen sich nur bekämpfen, ehe sie die Macht übernommen haben. Es ist eine Angelegenheit des Terminkalenders, nicht des Heroismus. Als Ovid sein »Principiis obsta!« niederschrieb, als er ausrief: »Bekämpfe den Beginn!« dachte er an freundlichere Gegenstände. Und auch als er fortfuhr: »Sero medicina paratur!«, also etwa »Später helfen keine Salben!«, dachte er nicht an Politik und Diktatur. Trotzdem gilt seine Mahnung in jedem und auch in unserem Falle. Trotzdem gilt sie auch hier und heute. Trotzdem gilt sie immer und überall.

Schlüssel

1. Die meisten Übungen – besonders die Grammatikübungen – haben eindeutige Lösungen.

2. Bei den Wortschatzübungen sind nur solche Lösungen angegeben, die sich auf den durch das Kursbuch erworbenen Wortschatz beschränken. Sie können ergänzt werden durch weiteren Wortschatz aus dem ungesteuerten Fremdsprachenerwerb der Lerner. Diese Möglichkeit wird angedeutet durch ‚. . .‘.

3. Bei einigen Bedeutungsübungen ist es möglich, daß Lehrer und bestimmt auch einige Lerner weitere Lösungen finden. Der Lösungsschlüssel ist jedoch abgestimmt auf Wortschatz, Grammatik, Thema und Situation der jeweiligen Lektion oder der dieser vorausgehenden Lektionen, da die Lerner, besonders im Ausland, nur auf dieser Grundlage entscheiden können. Diese Übungen sind durch das Zeichen ‚■‘ gekennzeichnet.

4. Für einige Bedeutungsübungen gibt es keinen Schlüssel, da sie nur individuelle Lösungen zulassen. In diesen Fällen sind nur exemplarische Beispiel-Lösungen vorgegeben.

1. **a)** hübsch **b)** sympathisch **c)** dünn **d)** jung **e)** langweilig **f)** schön **g)** rund **h)** lustig

2. **a)** blond, schwarz, rot **b)** blau, braun, schwarz, . . . **c)** dick, klein, lang, häßlich, schön, hübsch, . . . **d)** oval, schmal, jung, alt, hübsch, häßlich, schön, interessant, dumm, lustig, langweilig, . . .

3. ruhig, intelligent, dumm, gemütlich, nett, lustig, freundlich, langweilig, sympathisch, . . .

4. **a)** rund, jung **b)** dick, sympathisch **c)** lang, weich **d)** groß, freundlich **e)** gemütlich, blond **f)** schlank, nervös **g)** sympathisch, jung

5. **a)** B **b)** A **c)** A **d)** A

6. **a)** neu, jung **b)** klein **c)** dick **d)** traurig **e)** häßlich **f)** attraktiv **g)** nervös **h)** langweilig, uninteressant **i)** unsportlich **j)** unfreundlich **k)** dünn, schlank **l)** alt **m)** hübsch, schön **n)** klug, intelligent **o)** ungemütlich

7. **a)** nett, sympathisch, lustig, hübsch, traurig, schön, intelligent, alt, . . . **b)** nett, langweilig, häßlich, interessant, komisch, lustig, schön, freundlich, . . . **c)** einen Mantel, einen Pullover, eine Hose, ein Kleid, Strümpfe, Schuhe, ein Hemd, eine Bluse, . . .

8. **a)** finde **b)** sieht **c)** ist **d)** trägt (hat) **e)** macht **f)** gefällt

9. **a)** die Leute **b)** Mädchen **c)** Kinder **d)** Gesicht **e)** Augen **f)** Mund **g)** Nase **h)** Kollegen **i)** Brille **j)** Telegramm **k)** Brief **l)** Schuhe, Strümpfe **m)** Hemd **n)** Anzug **o)** Hose **p)** Pullover

10. **a)** langweilig **b)** nervös **c)** dumm **d)** verheiratet sein **e)** sehr gut aussehen **f)** rothaarig sein **g)** nett finden **h)** glauben **i)** sparsam sein **j)** reich sein **k)** lustig sein **l)** kurzhaarig sein **m)** oft **n)** meistens **o)** richtig sein **p)** Sorgen **q)** voll **r)** selten **s)** kennenlernen **t)** sympathisch sein **u)** gesund

11. **a)** Die blonden Haare., Die blauen Augen., Das schöne Gesicht., Die gute Figur. **b)** Das lustige Gesicht., Die starken Arme., Der dicke Bauch., Der große Appetit. **c)** Die gefährlichen Augen., Das schmale Gesicht., Die dünnen Haare., Die helle Haut. **d)** Die langen Beine., Die dicken Lippen., Der dünne Bauch., Die große Nase.

12. **b)** Welche findest du besser, die modernen oder die sportlichen Schuhe? **c)** Welchen . . ., den langen oder den kurzen Rock? **d)** Welche . . ., die weiße oder die blaue Bluse? **e)** Welche . . ., die braunen oder die schwarzen Strümpfe? **f)** Welches . . ., das gelbe oder das rote Kleid? **g)** Welche . . ., die grüne oder die braune Jacke?

13. **b)** Der schwarze Rock paßt zu der weißen Bluse. **c)** Das sportliche Hemd paßt zu der kurzen Hose. **d)** Der dünne Mantel paßt zu dem hellen Anzug. **e)** Die moderne Jacke paßt zu dem kurzen Kleid.

14. **b)** Die komische Uhr hat er von Petra. **c)** Das langweilige Buch hat er von Udo. **d)** Den häßlichen Pullover hat er von Inge. **e)** Den alten Kuchen hat er von Carla. **f)** Die kaputte Schallplatte hat er von Dagmar. **g)** Das unbequeme Hemd hat er von Horst. **h)** Die alten Schuhe hat er von Rolf. **i)** Die kaputten Strümpfe hat er von Holger.

15.

	Nominativ	Akkusativ	Dativ
Rock: schwarz	der schwarze Rock	den schwarzen Rock	dem schwarzen Rock
Jacke: modern	die moderne Jacke	die moderne Jacke	der modernen Jacke
Hemd: neu	das neue Hemd	das neue Hemd	dem neuen Hemd
Schuhe: groß	die großen Schuhe	die großen Schuhe	den großen Schuhen

16. b) ○ Wie findest du die Kinder? □ Ich finde sie süß. **c)** ○ . . . die Küche? □ Ich finde sie praktisch. **d)** ○ . . . den Hund? □ Ich finde ihn dumm. **e)** ○ . . . Gerd? □ Ich finde ihn etwas nervös. **f)** ○ . . . das Bad? □ Ich finde es zu dunkel. **g)** ○ . . . das Wohnzimmer? □ Ich finde es phantastisch. **h)** ○ . . . Gerd und Gisela? □ Ich finde sie nett. **i)** . . . das Auto? □ Ich finde es nicht schlecht. **j)** ○ . . . Möbel? □ Ich finde sie sehr modern. **k)** ○ . . . Gisela? □ Ich finde sie sympathisch.

17. b) Wie häßlich! So eine lange Nase gefällt mir nicht. **c)** So ein trauriges Gesicht gefällt mir nicht. **d)** So ein dicker Bauch gefällt mir nicht. **e)** So kurze Beine gefallen mir nicht. **f)** So lange Arme gefallen mir nicht. **g)** So ein großer Mund gefällt mir nicht. **h)** So eine schmale Brust gefällt mir nicht.

18. a) Er hat kurze Beine, große Füße, kurze Haare, eine runde Brille, ein schmales Gesicht, eine große (lange) Nase, einen kleinen Mund. **b)** Seine Beine sind kurz., Seine Füße sind groß., Seine Haare sind kurz., Seine Brille ist rund., Sein Gesicht ist schmal., Seine Nase ist groß (lang)., Sein Mund ist klein. **c)** Sie hat große Ohren, lange Haare, eine kleine Nase, einen schmalen Mund, lange Beine, ein rundes Gesicht, kleine Füße, einen dicken Hals. **d)** Ihre Ohren sind groß., Ihre Haare sind lang., Ihre Nase ist klein., Ihr Mund ist schmal., Ihre Beine sind lang., Ihr Gesicht ist rund., Ihre Füße sind klein., Ihr Hals ist dick.

19. a) . . . schwarzen . . . weißen . . . **b)** . . . blauen . . . gelben **c)** . . . schwere . . . dicken . . . **d)** . . . dunklen . . . roten . . . **e)** . . . weißes . . . blauen . . . **f)** . . . braune . . . braunen.

20.

Bluse: grau	Nominativ	Akkusativ	Dativ
Bluse: grau	eine graue Bluse	eine graue Bluse	einer grauen Bluse
Kleid: neu	ein neues Kleid	ein neues Kleid	einem neuen Kleid
Mantel: alt·	ein alter Mantel	einen alten Mantel	einem alten Mantel
Augen: grün	grüne Augen	grüne Augen	grünen Augen

21. b) Junger Mann sucht nette Freundin mit intelligentem Kopf, hübschem Gesicht und roten Haaren. **c)** Netter Mann sucht hübsches Mädchen mit langen Haaren und blauen Augen. **d)** Sympathische Frau sucht ruhigen Mann mit gutem Charakter. **e)** Attraktives Mädchen sucht reichen Freund mit starken Armen und schnellem Auto. **f)** Ruhiger Herr sucht freundliche Lehrerin mit intelligentem Kopf und guter Figur. **g)** Junger Mann sucht junges Mädchen mit lustigen Augen und verrückten Ideen.

	Nominativ	Akkusativ	Dativ
Mann: jung	junger Mann	jungen Mann	jungem Mann
Kleidung: sportlich	sportliche Kleidung	sportliche Kleidung	sportlicher Kleidung
Auto: schnell	schnelles Auto	schnelles Auto	schnellem Auto
Frauen: reich	reiche Frauen	reiche Frauen	reichen Frauen

22. b) ○ Du suchst doch eine Hose.
Wie findest du die da?
□ Welche meinst du?
○ Die braune.
□ Die gefällt mir nicht.
○ Was für eine möchtest du denn?
□ Eine schwarze.

c) ○ Du suchst doch ein Kleid.
Wie findest du das da?
□ Welches meinst du?
○ Das kurze.
□ Das gefällt mir nicht.
○ Was für eins möchtest du denn?
□ Ein langes.

d) ○ Du suchst doch einen Rock.
Wie findest du den da?
□ Welchen meinst du?
○ Den roten.
□ Der gefällt mir nicht.
○ Was für einen möchtest du denn?
□ Einen gelben.

e) ○ Du suchst doch Schuhe.
Wie findest du die da?
□ Welche meinst du?
○ Die roten.
□ Die gefallen mir nicht.
○ Was für welche möchtest du denn?
□ Blaue.

23.

A	B	C	D	E	F	G	H	J
4,7	2,6	4,7	11	10	3,9	1,11	8	5

24. a) B **b)** C **c)** A **d)** B **e)** B **f)** A **g)** B **h)** C

25. Individuelle Lösung

26. Beruf, Arbeitsamt, Job, Arbeitgeber, kündigen, Stelle, arbeitslos, Angestellter, . . .

Schlüssel

27. a) arbeitslos **b)** Arbeitgeber **c)** kündigen **d)** Stelle **e)** Arbeitsamt **f)** Fehler **g)** normal **h)** Frisur **i)** pünktlich **j)** verrückt **k)** zufrieden **l)** verlangen **m)** kritisieren **n)** wirklich **o)** geärgert **p)** angenehm

28. a) Welcher Rock... Dieser rote..., Welche Hose... Diese braune..., Welches Kleid... Dieses gelbe..., Welche Strümpfe..., Diese blauen... **b)** Welchen Anzug...? Diesen schwarzen... Welche Bluse... Diese weiße..., Welches Hemd... Dieses blaue..., Welche Schuhe... Diese braunen... **c)** Zu welchem Rock... Zu diesem roten..., Zu welcher Hose... Zu dieser weißen..., Zu welchem Kleid.. Zu diesem braunen.., Zu welchen Schuhen.. Zu diesen schwarzen...

29. a) alle, manche **b)** jeden, alle, manche **c)** allen, jedem **d)** alle, manche

30.

	mask. Singular	fem. Singular	neutr. Singular	Plural
Nominativ	der jeder	die jede	das jedes	die alle manche
Akkusativ	den jeden	die jede	das jedes	die alle manche
Dativ	dem jedem	der jeder	dem jedem	den allen manchen

31. a) C **b)** C **c)** A, B **d)** A, C **e)** A, C **f)** A, B **g)** B **h)** C **i)** C **j)** C

32.

+	−	+/−
Das stimmt.	Da bin ich anderer Meinung.	Sicher, aber...
Das glaube ich auch.	Das ist falsch.	Richtig, aber...
Das ist auch meine Meinung.	Das stimmt nicht.	Das ist wahr, aber...
Da hast du recht.	Das ist Unsinn.	Da hast du recht, aber...
Das finde ich auch.	Das glaube ich nicht.	
Das ist richtig.	Das finde ich nicht.	
Das meine ich auch.		

2

1. Hauptschule, Realschule, Gymnasium, Grundschule, Note, Abitur, Zeugnis, Prüfung, besuchen, Schüler,...

2. anstrengend, schmutzig, sauber, gefährlich, selbständig, schön, interessant,...

3. a) gefährlich, Angst **b)** Ausland, selbst **c)** gewechselt, Unfall **d)** zufrieden, selbständig **e)** anstrengend, tragen **f)** Tiere, Antwort

4. a) niemand **b)** manchmal **c)** früher **d)** schmutzig **e)** anfangen **f)** unzufrieden

5. a) Angst **b)** Schüler **c)** Sprachen **d)** studieren **e)** Schule **f)** besuchen **g)** Klasse **h)** Freizeit

6. b) Michael kann nicht studieren, weil er nur die Hauptschule besucht/weil er nur die Hauptschule besuchen kann/weil er nur die Hauptschule besucht hat. **c)** Ruth kann ihre Stelle nicht wechseln, weil sie keine neue bekommt/weil sie keine neue bekommen kann/weil sie keine neue bekommen hat. **d)** Uwe hat seine Stelle verloren, weil er nicht selbständig arbeitet/weil er nicht selbständig arbeiten kann/weil er nicht selbständig gearbeitet hat. **e)** Kurt ist nicht zufrieden, weil er nur wenig Geld verdient/weil er nur wenig Geld verdienen kann/weil er nur wenig Geld verdient hat.

		Invers.-signal	Subjekt	Verb	Subj.	unbet. obl. Erg.	Angabe	obligatorische Ergänzung	Verb
a)			Stefan	kann			nicht	Elektriker	werden.
	weil		er					keine Lehrstelle	findet.
	weil		er					keine Lehrstelle	finden kann.
	weil		er					keine Lehrstelle	gefunden hat.
b)			Michael	kann			nicht		studieren,
	weil		er				nur	die Hauptschule	besucht.
	weil		er				nur	die Hauptschule	besuchen kann.
	weil		er				nur	die Hauptschule	besucht hat.

126

		Invers.-signal	Subjekt	Verb	Subj.	unbet. obl. Erg.	Angabe	obligatorische Ergänzung	Verb
c)			Ruth	kann			nicht	ihre Stelle	wechseln,
	weil		sie					keine neue	bekommt.
	weil		sie					keine neue	bekommen kann.
	weil		sie					keine neue	bekommen hat.
d)			Uwe	hat				seine Stelle	verloren,
	weil		er				nicht	selbständig	arbeitet.
	weil		er				nicht	selbständig	arbeiten kann.
	weil		er				nicht	selbständig	gearbeitet hat.
e)			Kurt	ist			nicht	zufrieden,	
	weil		er				nur wenig	Geld	verdient.
	weil		er				nur wenig	Geld	verdienen kann.
	weil		er				nur wenig	Geld	verdient hat.

7. b) Jens findet seine Stelle nicht gut, denn er hat zu wenig Freizeit.   **c)** Herr Köster kann nächste Woche nicht arbeiten, weil er gestern einen Unfall hatte.   **d)** Manfred soll noch ein Jahr zur Schule gehen, weil er keine Stelle gefunden hat.   **e)** Christophs neue Stelle ist besser, denn er kann jetzt selbständiger arbeiten. **f)** Kerstin kann nicht studieren, weil sie nur die Hauptschule besucht hat.   **g)** Andrea möchte kein Abitur machen, denn Studenten finden auch nur schwer eine Stelle.   **h)** Cornelia hat doch noch das Abitur gemacht, weil sie keine Lehrstelle finden konnte.   **i)** Simon mag seinen Beruf nicht, denn er wollte eigentlich Automechaniker werden.   **j)** Herr Bender möchte einen anderen Beruf, weil er nur wenig Zeit für seine Familie hat.

8. b) Andrea findet keine Lehrstelle. Trotzdem will sie kein Abitur machen.   **c)** Frau Arndt findet ihre Arbeit schön, obwohl sie Samstags arbeiten muß.   **d)** Jens kann schon Französisch und Spanisch. Trotzdem will er Englisch lernen.   **e)** Eva ist Krankenschwester geworden, obwohl sie Lehrerin werden sollte.   **f)** Frau Herbart möchte ihren Arbeitsplatz nicht wechseln, obwohl sie bei einer anderen Stelle mehr Geld verdienen kann.   **g)** Christine spricht zwei Sprachen. Trotzdem findet sie keine Stelle als Sekretärin.   **h)** Bernhard möchte lieber einen Beruf lernen, obwohl er das Abitur gemacht hat.   **i)** Doris hat sehr schlechte Arbeitszeiten. Trotzdem möchte sie keinen anderen Beruf.   **j)** Max mußte Automechaniker werden, obwohl er eigentlich keine Lust hatte.

9. b) Herr Bauer ist unzufrieden, weil er eine anstrengende Arbeit hat. Weil Herr Bauer eine anstrengende Arbeit hat, ist er unzufrieden.   **c)** Eva ist zufrieden, obwohl sie wenig Freizeit hat. Obwohl Eva wenig Freizeit hat, ist sie zufrieden.   **d)** Hans kann nicht studieren, wenn er ein schlechtes Zeugnis bekommt. Wenn Hans ein schlechtes Zeugnis bekommt, kann er nicht studieren.   **e)** Herbert ist arbeitslos, weil er einen Unfall hatte. Weil Herbert einen Unfall hatte, ist er arbeitslos.   **f)** Ich nehme die Stelle, wenn ich nicht nachts arbeiten muß. Wenn ich nicht nachts arbeiten muß, nehme ich die Stelle.

10. b) Wenn du studieren willst, dann mußt du aufs Gymnasium gehen/dann geh aufs Gymnasium.   **c)** Wenn du sofort Geld verdienen willst, dann mußt du die Stellenanzeigen in der Zeitung lesen/dann lies die Stellenanzeigen in der Zeitung.   **d)** Wenn du nicht mehr zur Schule gehen willst, dann mußt du einen Beruf lernen/ dann lern einen Beruf.   **e)** Wenn du keine Lehrstelle findest, dann mußt du weiter zur Schule gehen/dann geh weiter zur Schule.   **f)** Wenn du später zur Fachhochschule gehen willst, dann mußt du jetzt zur Fachoberschule gehen/dann geh jetzt zur Fachoberschule.   **g)** Wenn du einen Beruf lernen willst, dann mußt du die Leute beim Arbeitsamt fragen/dann frag die Leute beim Arbeitsamt.

11. ○ ... wenn ..., □ ... obwohl ..., ○ ... wenn ..., □ ... weil ..., ○ ...wenn ..., □ ... weil ... wenn ..., ○ ... wenn ... obwohl, □ ... wenn ...

12. a) B,   **b)** A   **c)** C   **d)** B   **e)** B   **f)** A   **g)** B   **h)** C

13. Individuelle Lösung. Hier nur ein Beispiel.
Andrea ist sechzehn Jahre alt und möchte Krankenschwester werden. Sie sucht eine Lehrstelle. 35 Bewerbungen hat sie schon geschrieben. Trotzdem hat sie keine Lehrstelle gefunden, weil ihr Zeugnis nicht gut genug ist. Aber sie will nicht studieren, denn das hat auch keinen Zweck. Andrea möchte noch sechs Monate warten. Wenn sie dann nichts findet, geht sie vielleicht doch noch zur Schule.

Schlüssel

14. **a)** Heute ist der achtundzwanzigste Februar. Heute ist der erste April. Heute ist der dritte August. **b)** Nein, wir haben erst den vierten. Nein wir haben schon den siebten. Nein, wir haben schon den achten. **c)** individuelle Lösung **d)** Vom dreiundzwanzigsten Januar bis zum fünfzehnten März., Vom vierzehnten Februar bis zum ersten Juli., Vom siebten April bis zum zweiten Mai.

15. **c)** ... hat er ... **d)** ... sie war ... **e)** ... will sie ... **f)** ... ist er ... **g)** ... macht sie ... **h)** ... er verdient ... **i)** ... sie hat ... **j)** ... es ist ... **k)** ... wird sie ... **l)** ... ist er ...

16.

	1	2	3	4	5	6	7	8	9	10	11	12
A		X			X			X				
B				X		X						X
C			X						X	X		
D	X						X				X	

17.

	1	2	3	4	5	6
A		X	X			X
B	X			X	X	

18. **a)** deshalb **b)** sonst **c)** aber **d)** deshalb **e)** trotzdem **f)** dann **g)** denn **h)** deshalb **i)** sonst **j)** deshalb **k)** dann **l)** sonst **m)** deshalb **n)** trotzdem **o)** sonst **p)** aber

19.

A	B	C	D	E	F	G	H
3	5	8	2	6	7	1	4

20. ○ Sag mal Petra, du willst kündigen? Warum das denn?
  □ Die Arbeit ist mir zu langweilig. Nie darf ich selbständig arbeiten.
  ○ Hast du das deinem Chef denn schon mal gesagt?
  □ Nein, das hat doch keinen Zweck. Der macht lieber alles allein.
    Ich darf immer nur Briefe schreiben.
  ○ Hast du denn schon eine neue Stelle?
  □ Ja, ein sehr interessantes Angebot bei einer Elektrofirma.
    Ich kann dort selbständig arbeiten und verdiene auch ganz gut.
  ○ Und was machst du? Nimmst du die Stelle?
  □ Ich weiß noch nicht, denn die Firma liegt in Offenbach.
    Ich muß ziemlich weit fahren, also morgens sehr früh aufstehen.

3

1. ... Menü ... Nudeln ... Rezepte ... Hunger ... Pfund ... Braten ... kochen ... fett ... Nudeln ... Rezepte ... Gewürze

2. immer – meistens – sehr oft – oft – manchmal – selten – fast nie – nie (Die Bedeutungen von ‚meistens' und ‚sehr oft' sind fast gleich; ebenso ‚selten' und ‚fast nie'.)

3. **a)** immer, regelmäßig **b)** selten, nie **c)** selten, manchmal **d)** nicht oft, selten **e)** sehr oft, fast immer **f)** selten

4. **a)** □ Wir ... uns ... auf **b)** ○ ... ihr euch ... für das ... **c)** ○ ... dich ... über den ... □ ... ich ... mich ... auf den ... **d)** □ ... sie ... sich ... für **e)** □ ... Sie ... sich ... für ... **f)** □ ... Er ... sich ... auf den ... **g)** □ ... sich ... für ...

5.

sich	du	Sie	er	sie	es	man	wir	ihr	sie
mich	dich	sich	sich	sich	sich	sich	uns	euch	sich

6.

		der Film	die Sendung	das Programm
Ich interessiere	mich für	den Film	die Sendung	das Programm
Ich ärgere	mich über	den Film	die Sendung	das Programm
Ich freue	mich auf/über	den Film	die Sendung	das Programm

7.

	Inversions-signal	Subjekt	Verb	Sub-jekt	unbet. obl. Er-gänzung	Angabe	obligatorische Ergänzung	Verb
a)		Bettina	interessiert		sich	sehr	für Sport.	
b)	Darüber		haben	wir	uns	noch nie		geärgert.
c)	Worauf		freust	du	dich	am meisten?		
d)	Besonders		freue	ich	mich		auf Kinofilme.	

8. a) A **b)** A **c)** A, B **d)** B **e)** A, B **f)** A

9. ○ Was gibt es heute eigentlich im Fernsehen?
☐ Ich glaube einen Film mit Humphrey Bogart.
○ Den muß ich unbedingt sehen.
☐ Wirklich? Ich habe gedacht, du magst nur Sport und Politik.
○ Ich glaube, du willst mich ärgern. Die Nach-richten sehe ich nur manchmal und Sport auch nicht oft.

☐ Das stimmt nicht! Sport siehst du fast immer und die Nachrichten auch meistens.
○ Na und? Ist das vielleicht ein Fehler, wenn sich ein Mann für Politik interessiert?
☐ Jetzt ärgere dich doch nicht! Ich freue mich doch auch auf den Bogart-Film.

10. a) angeblich **b)** ... sich ... setzen ... sich ausruhen ... **c)** beantragen **d)** Boden **e)** ganz **f)** gewöhn-lich **g)** stören **h)** laufen **i)** stehen **j)** unterschreiben **k)** verboten **l)** verbieten

11. b) ... sie hätte gern noch mehr Autos. **c)** ... sie wäre gern noch schlanker **d)** ... sie würde gern noch mehr fernsehen. **e)** ... sie würde gern noch mehr verdienen. **f)** ... sie hätte gern noch mehr Hunde. **g)** ... sie würde gern noch mehr schlafen. **h)** ... sie würde gern noch besser aussehen. **i)** ... sie würde gern noch mehr Sprachen sprechen. **j)** ... sie hätte gern noch mehr Kleider. **k)** ... sie würde gern noch mehr Leute kennen. **l)** ... sie würde gern noch öfter Ski fahren. **m)** ... sie würde gern noch öfter einkaufen gehen. **n)** ... sie würde gern noch mehr wissen.

12.

	ich	du	Sie	er/sie/es	man	wir	ihr	sie
Indikativ	gehe	gehst	gehen	geht	geht	gehen	geht	gehen
Konjunktiv	würde gehen	würdest gehen	würden gehen	würde gehen	würde gehen	würden gehen	würdet gehen	würden gehen
Indikativ	bin	bist	sind	ist	ist	sind	seid	sind
Konjunktiv	wäre	wärst	wären	wäre	wäre	wären	wärt	wären
Indikativ	habe	hast	haben	hat	hat	haben	habt	haben
Konjunktiv	hätte	hättest	hätten	hätte	hätte	hätten	hättet	hätten

13. ... ist ... hat ... hätte ... wäre ... hatte ... war ... hatten ... wäre ... wäre ... hat ... ist ... würde ... hätten ... hat ... hat ... wären ... würde ... wären ... hätte ... wäre ... würde ... hätte ... hatte.

14. b) – Es wäre gut, wenn du weniger essen würdest. – Du solltest weniger essen. **c)** – Es wäre gut, wenn du wärmere Kleidung tragen würdest. – Du solltest wärmere Kleidung tragen. **d)** – Es wäre gut, wenn du früher aufstehen würdest. – Du solltest früher aufstehen. **e)** – Es wäre gut, wenn du ein neues kaufen würdest. – Du solltest ein neues kaufen. **f)** – Es wäre gut, wenn du dir eine andere Wohnung suchen würdest. – Du solltest dir eine andere Wohnung suchen. **g)** – Es wäre gut, wenn du jeden Tag dreißig Minuten laufen würdest. – Du solltest jeden Tag dreißig Minuten laufen **h)** – Es wäre gut, wenn du eine andere Stelle suchen würdest. – Du solltest eine andere Stelle suchen. **i)** – Es wäre gut, wenn du netter wärest. – Du solltest netter sein.

15. Individuelle Lösung

16.

	ich	du	Sie	er/sie/es	man	wir	ihr	sie
müssen	müßte	müßtest	müßten	müßte	müßte	müßten	müßtet	müßten
dürfen	dürfte	dürftest	dürften	dürfte	dürfte	dürften	dürftet	dürften
können	könnte	könntest	könnten	könnte	könnte	könnten	könntet	könnten
sollen	sollte	solltest	sollten	sollte	sollte	sollten	solltet	sollten

Schlüssel

17. **a)** über das **b)** für den **c)** über die **d)** über das **e)** über die **f)** gegen die ... über das **g)** auf die **h)** über den **i)** über die **j)** nach der **k)** auf die

18.

a)	der Film	die Musik	das Programm	die Sendungen	
über	den Film	die Musik	das Programm	die Sendungen	sprechen
sich über	den Film	die Musik	das Programm	die Sendungen	ärgern
sich für	den Film	die Musik	das Programm	die Sendungen	interessieren
sich auf/über	den Film	die Musik	das Programm	die Sendungen	freuen

b)	der Durst	die Erkältung	das Fieber	die laute Musik	
etwas gegen	den Durst	die Erkältung	das Fieber	die laute Musik	tun

c)	der Weg	die Meinung	das Buch	die Briefe	
nach	dem Weg	der Meinung	dem Buch	den Briefen	fragen

19. **a)** ihn **b)** sich **c)** sie **d)** sich **e)** ihn **f)** sich **g)** sich **h)** es

20. **a)** ☐ Worüber...○ ...über...☐ Darüber.. **b)** ☐ Worüber...○ Über...☐ Darüber... **c)** ☐ Worüber...○ Über...☐ Darüber... **d)** ☐ Wonach...○ Nach...☐ Danach... **e)** ☐ Worüber... ○ Über...☐ Darüber... **f)** ☐ Worüber...○ Über...☐ ...darüber **g)** ☐ Worüber...○ Über...☐ Darüber... **h)** ☐ Wofür...○ ...für...☐ Dafür... **i)** ☐ Worauf...○ Auf...☐ Darauf... **j)** ☐ Worauf... ○ Auf...☐ ...darauf...

21.

Präposition + Artikel + Nomen	Fragewort	Pronomen
über den Film (sprechen)	worüber?	darüber
nach deiner Meinung (fragen)	wonach?	danach
auf diese Sendung (warten)	worauf?	darauf
gegen das Fieber (etwas tun)	wogegen?	dagegen

22. **a)** B **b)** A **c)** A, C **d)** C **e)** A, C **f)** A, B

23. Beispiel:
Gabriela ist zwanzig Jahre alt und Straßenpantomimin. Sie zieht von Stadt zu Stadt und spielt auf Plätzen und Straßen. Die meisten Leute mögen ihr Spiel, nur wenige regen sich auf. Nach dem Spiel sammelt Gabriela Geld bei den Leuten. Wenn sie regelmäßig spielt, verdient sie ganz gut. Früher war Gabriela mit Helmut zusammen. Der war auch Straßenkünstler. Das freie Leben hat ihr gefallen. Zuerst hat sie für Helmut nur Geld gesammelt, später hat sie dann auch selbst getanzt. Nach einem Krach mit Helmut hat sie einen Schnellkurs für Pantomimen gemacht. Jetzt spielt sie allein. Sie findet ihr Leben unruhig, aber trotzdem möchte sie keinen anderen Beruf.

24. Reihenfolge: c, e, a, h, f, i, d, b, g

4

1. tanken, abschleppen, Tankstelle, Motor, Panne, Bremse, Spiegel, Rad, Werkstatt, Reparatur, ...

2. **a)** schnell **b)** preiswert **c)** voll **d)** schwach **e)** leicht **f)** niedrig

3. **a)** baden **b)** schwierig, stark **c)** zu schwierig **d)** blond, hübsch **e)** ißt, nimmt **f)** gut laufen, Geld sammeln

4. **a)** tanken **b)** abschleppen **c)** bremsen **d)** fahren **e)** reparieren **f)** bezahlen

5. **a)** Öl, Kind, Papier, Hemd, Benzin, Brief, Haare, Geld, Pullover **b)** Blech, Papier, Gemüse, Haare, Wurst, Brot, Bart, Fleisch **c)** Wagen, Kind, Hals, Gemüse, Hemd, Haare, Auto, Bart, Pullover

6. **a)** abschleppen, **b)** abholen **c)** läuft **d)** zum Schluß **e)** schwierig **f)** Werkzeug **g)** Versicherung **h)** Steuer **i)** vorne **j)** hinten **k)** Abteilung

7.

	1	2	3	4	5	6	7	8	9	10	11	12	13	14
A						X				X				
B		X		X										
C												X		X
D	X										X			
E								X					X	
F				X					X					
G		X				X								

8. ○ ... teuerste ... stärksten ... niedrigeren ... niedrigere ...
□ ... unattraktivste ... bessere ... besseren ... schlechteren ... schlechtesten ... neuesten ... kleineren
... niedrigere ... günstigsten ... niedrigsten ... niedrigsten ...
○ ... neuesten ...
□ ... bequemste ... teuersten ... beste ...

9.

a) Nominativ	Akkusativ	Dativ
Das ist (sind)	Dieser Wagen hat	Das ist der Wagen mit
der höchste Verbrauch.	den höchsten Verbrauch.	dem höchsten Verbrauch.
die höchste Geschwindigkeit.	die höchste Geschwindigkeit.	der höchsten Geschwindigkeit.
das höchste Gewicht.	das höchste Gewicht.	dem höchsten Gewicht.
die höchsten Kosten.	die höchsten Kosten.	den höchsten Kosten.

b) Nominativ	Akkusativ	Dativ
Das ist (sind)	Dieser Wagen hat	Es gibt einen Wagen mit
ein niedrigerer Verbrauch.	einen niedrigeren Verbrauch.	einem niedrigeren Verbrauch.
eine niedrigere Geschwindigkeit.	eine niedrigere Geschwindigkeit.	einer niedrigeren Geschwindigkeit.
ein niedrigeres Gewicht.	ein niedrigeres Gewicht.	einem niedrigeren Gewicht.
niedrigere Kosten.	niedrigere Kosten.	niedrigeren Kosten.

10. **a)** als **b)** wie **c)** wie **d)** als **e)** wie **f)** als **g)** als **h)** wie

11. **c)** Die Werkstattkosten für einen Peugeot sind so hoch, wie du mir gesagt hast. **d)** Der Motor ist viel älter, als der Autoverkäufer uns gesagt hat. **e)** Der Wagen fährt schneller, als in der Anzeige steht. **f)** Der Micra fährt so schnell, wie Nissan in der Anzeige schreibt. **g)** Den Wagen gibt es mit einem schwächeren Motor, als der Autohändler mir gesagt hat. **h)** Kleinwagen sind bequemer, als ich geglaubt habe. Kleinwagen sind nicht so unbequem, wie ich geglaubt habe.

12. **b)** Hier wird ein Auto getankt. **c)** Hier wird ein Auto gewaschen. **d)** Hier wird eine Rechnung bezahlt. **e)** Hier wird ein Motor repariert. **f)** Hier werden Bremsen geprüft. **g)** Hier wird die Werkstatt sauber gemacht. **h)** Hier wird ein Auto abgeschleppt. **i)** Hier werden Reifen gewechselt. **j)** Hier wird eine Tür geschweißt. **k)** Hier wird ein Kaufvertrag unterschrieben. **l)** Hier wird nicht gearbeitet.

ich	du	Sie	er/sie/es	man	wir	ihr	sie
werde abgeholt	wirst abgeholt	werden abgeholt	wird abgeholt	wird abgeholt	werden abgeholt	werdet abgeholt	werden abgeholt

13. Beispiel:
... Dann werden sie mit Salz, Pfeffer, Curry, Thymian und Basilikum gewürzt und in Öl gebraten. Dann wird Fleischbrühe dazugegeben, und die Hähnchen werden zwanzig Minuten gekocht. Danach werden Zwiebeln geschält, klein geschnitten und zu den Hähnchen gegeben. Dann werden die Hähnchen nochmal zehn

Schlüssel

Minuten gekocht. Zum Schluß werden die Mandeln in kleine Stücke geschnitten, und das Essen wird mit Petersilie bestreut. Zuletzt wird Reis zwanzig Minuten in Salzwasser gekocht und mit den Hähnchen serviert.

14.

Invers.-Signal	Subjekt	Verb	Subjekt	unbet. obl. Ergänzung	Angabe	obligatorische Ergänzung	Verb
a)	Die Hähnchen	werden			zuerst	in Stücke	geschnitten.
b)	Man	schneidet		die Hähnchen	zuerst	in Stücke.	
c) Heute		schleppt	Ruth	das Auto	zur Werkstatt		ab.
d) Heute		wird	das Auto		zur Werkstatt		abgeschleppt.
e)	Die Autos	werden			von der Bahn schnell	nach Italien	gebracht.
f)	Die Bahn	bringt		die Autos	schnell	nach Italien.	

15. **a)** C **b)** A **c)** B **d)** A, C **e)** A, C **f)** B **g)** C **h)** C

16. **a)** C **b)** A, B **c)** B **d)** A, C **e)** A **f)** B **g)** B

17. ○ Mein Name ist Becker. Ich möchte meinen Wagen bringen.
□ Ach ja, Frau Becker. Sie haben gestern angerufen. Was sollen wir machen?
○ Die Bremsen ziehen immer nach links, und der Motor braucht zuviel Benzin.
□ Noch etwas?
○ Nein, das ist alles. Wann kann ich das Auto abholen?
□ Morgen nachmittag.
○ Morgen nachmittag erst? Aber gestern am Telefon haben Sie mir doch gesagt, es geht heute noch.
□ Es tut mir leid, Frau Becker. Aber wir haben so viel zu tun. Das habe ich gestern nicht gewußt.
○ Das muß man doch wissen. Das geht doch nicht.
□ Ich kann Sie ja verstehen, Frau Becker. Wir versuchen es, vielleicht klappt es ja heute doch noch. Wir rufen Sie dann an.
○ Ja gut. Meine Nummer kennen Sie ja.

18. Angestellter, Arbeiter, Gewerkschaft, Industrie, Gehalt, Lohn, Arbeitgeber, Arbeitnehmer, Firma, Überstunden, Betriebsrat . .

19. **a)** Industrie **b)** Firma **c)** Überstunden

20. **a)** 5 **b)** 8 **c)** 2 **d)** 7 **e)** 3 **f)** 1 **g)** 6 **h)** 4

21. Arbeitsplatz, Arbeitslohn, Arbeitstag, Arbeitszeit, Autodach, Autosteuer, Autoversicherung, Autowerkstatt, Autofabrik, Autoindustrie, Autofirma, Automotor, Autoradio, Autospiegel, Autopanne, Autotelefon, Autowerkzeug, Autorechnung, Betriebsbremse, Betriebsrat, Handarbeiter, Handbremse, Handgeld, Handspiegel, Handwagen, Fußbremse, Reparaturrechnung, Reparaturwerkstatt, Reparaturversicherung, Reparaturwerkstatt, Metalldach, Metallarbeiter, Metallfabrik, Metallindustrie, Metallfirma, Metallspiegel, Metallwerkzeug, Unfallversicherung, Unfallwagen.

22. **a)** C **b)** A **c)** B **d)** A, B **e)** B **f)** A

23.

	1	2	3	4	5	6
A	X			X		
B		X	X			
C					X	X

24. Beispiel:
– Seit zehn Jahren.
– Vorher war ich Metzger.
– Ich bin Fließbandarbeiter in der Karosserieabteilung.

- Ja, meine Arbeit ist ziemlich anstrengend. Ich bin jeden Tag froh, wenn ich mit der Arbeit fertig bin.
- Ja, ich bin Wechselschichtarbeiter. Das gefällt mir nicht, aber da kann man nichts machen.
- Rund 3000,– DM brutto.
- Ja.
- Ich bin natürlich gegen Rationalisierung, aber wenn ich deshalb bei VW einen anderen Arbeitsplatz bekommen würde, hätte ich noch zwei Jahre den gleichen Lohn.
- Doch, aber ich will das nicht. Wenn ich Vorarbeiter wäre, dann könnte ich nicht mehr im Betriebsrat sein.

1. **a)** unattraktiv   attraktiv
   (häßlich)
   b) unfreundlich   nett
   c) langweilig   interessant
   d) unhöflich
   (unfreundlich)   höflich
   e) unsympathisch   sympathisch
   f) unfreundlich   freundlich
   g) unpünktlich   pünktlich
   h) dumm   intelligent
   (klug)
   i) unzufrieden   zufrieden
   j) nervös   ruhig

2. **a)** duschen **b)** hängt **c)** ausmachen **d)** Mach . . . an **e)** wecken **f)** Ruf . . . an **g)** entschuldigen . . . vergessen **h)** telefoniert **i)** reden **j)** erzählt

3. **a)** den Apparat, den Recorder, den Film, . . . **b)** den Apparat, den Recorder, den Film **c)** bei Jens, im Betrieb, bei meinem Bruder, . . . **d)** bei Jens, bei meinem Bruder, . . . **e)** die Politik, den Film, . . . **f)** mit der Firma Berg, mit Frau Ander, bei Jens, im Betrieb, bei meinem Bruder, . . . **g)** über Klaus, bei Jens, mit Frau Ander, im Betrieb, über die Krankheit, über die Gewerkschaft, bei meinem Bruder, . . . **h)** von meiner Schwester, vom Urlaub, mit Frau Ander, im Betrieb, über Klaus, über die Krankheit, über die Gewerkschaft, von den Kindern, . . .

4. **b)** Du hilfst mir nie, die Wohnung aufzuräumen. **c)** Hast du nicht gelernt, pünktlich zu sein? **d)** Hast du vergessen, Gaby einzuladen? **e)** Morgen fange ich an, Französisch zu lernen. **f)** Jochen hatte letzte Woche keine Lust, mit mir ins Kino zu gehen. **g)** Meine Kollegin hatte gestern keine Zeit, mir zu helfen. **h)** Mein Bruder hat versucht, mein Auto zu reparieren, aber es hat leider nicht geklappt. **i)** Die Werkstatt hat vergessen, den Wagen zu waschen.

	Inversions-signal	Subjekt	Verb	Subjekt	unbet. obl. Ergänzung	Angabe	obligatorische Ergänzung	Verb
a	Leider		hatte	ich			keine Zeit,	
					dich			anzurufen.
b		Du	hilfst		mir	nie,		
							die Wohnung	aufzuräumen.
c			Hast	du		nicht		gelernt,
							pünktlich	zu sein?
d			Hast	du				vergessen,
							Gaby	einzuladen?

5. **a)** A, C **b)** C **c)** B **d)** C **e)** A **f)** B

6. **b)** Ich habe gehört, daß Inge einen neuen Freund hat. **c)** Peter hofft, daß seine Freundin bald heiraten will. **d)** Ich habe mich darüber geärgert, daß du mich nicht zu deinem Geburtstag eingeladen hast. **e)** Helga hat erzählt, daß sie eine neue Wohnung gefunden hat. **f)** Ich bin überzeugt, daß es besser ist, wenn man jung heiratet. **g)** Frank hat gesagt, daß er heute abend eine Kollegin besuchen will. **h)** Ich meine, daß man viel mit seinen Kindern spielen soll. **i)** Wir wissen, daß Peters Eltern oft Streit haben.

7. Beispiele: **b)** Ich glaube auch, daß es sehr viele schlechte Ehen gibt. Ich bin überzeugt, daß es auch sehr viele gute Ehen gibt. Ich denke nicht, daß es sehr viele schlechte Ehen gibt. . . . **c)** Ich bin überzeugt, daß man auch mit Kindern frei ist. Ich finde auch, daß man ohne Kinder freier ist. . . . **d)** Ich glaube nicht, daß die meisten Männer nicht gern heiraten. Ich meine auch, daß die meisten Männer nicht gern heiraten. . . .

Schlüssel

e) Ich denke auch, daß die Liebe das Wichtrigste im Leben ist. Ich glaube aber, daß die Liebe nicht das Wichtigste ist. . . .
f) Ich glaube nicht, daß reiche Männer immer interessant sind. . . .
g) Ich meine, daß schöne Frauen nicht dümmer sind als häßliche. . . .
h) Ich bin überzeugt, daß die meisten Frauen keine harten Männer mögen. . . .
i) Ich finde aber, daß man heiraten sollte, wenn man Kinder will.

8. a) nach der b) während der, in der c) während der, bei den d) nach der e) nach dem f) in der, während der g) bei der, während der h) nach dem i) in der,, während der

der Besuch	die Arbeit	das Abendessen	die Sendungen
während dem Besuch	während der Arbeit	während dem Abendessen	während den Sendungen
während des Besuchs	während der Arbeit	während des Abendessens	während der Sendungen
beim Besuch	bei der Arbeit	beim Abendessen	bei den Sendungen
nach dem Besuch	nach der Arbeit	nach dem Abendessen	nach den Sendungen

der erste Monat	die letzte Woche	das nächste Jahr	die ersten Jahre
im ersten Monat	in der letzten Woche	im nächsten Jahr	in den ersten Jahren

9. a) B b) A, B c) A d) C e) B f) A g) A, C h) B, C

10. Mutter, Vater, Bruder, Tochter, Sohn, Großmutter, Großvater, Eltern, Verwandte, . . .

11. a) verschieden b) Sorgen c) Wunsch d) deutlich e) damals f) aufpassen g) anziehen, ausziehen h) Besuch, allein i) früh, schließlich, hart j) unbedingt

12. a) Marias Jugendzeit war sehr hart. Eigentlich hatte sie nie richtige Eltern. Als sie zwei Jahre alt war, ist ihr Vater gestorben. Ihre Mutter hat ihren Mann nie vergessen und hat mehr an ihn als an ihre Tochter gedacht. Maria war deshalb sehr oft allein, aber das konnte sie mit zwei Jahren natürlich noch nicht verstehen. Ihre Mutter ist gestorben, als sie vierzehn Jahre alt war. Maria hat dann bei ihrem Großvater gelebt. Mit 17 Jahren hat sie geheiratet, das war damals normal. Ihr erstes Kind, Adele, hat sie bekommen, als sie 19 war. Mit 30 hatte sie schließlich sechs Kinder.
b) Adele hat als Kind in einem gut-bürgerlichen Elternhaus gelebt. Wirtschaftliche Sorgen hat die Familie nicht gekannt. Nicht die Eltern, sondern ein Kindermädchen hat die Kinder erzogen. Sie hatte auch einen Privatlehrer. Mit ihren Eltern konnte sich Adele nie richtig unterhalten, sie waren ihr immer etwas fremd. Was sie gesagt haben, mußten die Kinder unbedingt tun. Wenn z. B. die Mutter nachmittags geschlafen hat, durften die Kinder nicht laut sein und spielen. Manchmal hat es auch Ohrfeigen gegeben. Als sie 15 Jahre alt war, ist Adele in eine Mädchenschule gekommen. Dort ist sie bis zur Mittleren Reife geblieben. Dann hat sie Kinderschwester gelernt. Aber eigentlich hat sie es nicht so wichtig gefunden, einen Beruf zu lernen, denn sie wollte auf jeden Fall lieber heiraten und eine Familie haben. Auf Kinder hat sie sich besonders gefreut. Die wollte sie dann aber freier erziehen, als sie selbst erzogen worden war; denn an ihre eigene Kindheit hat sie schon damals nicht so gern zurückgedacht.
c) Ingeborg hatte ein wärmeres und freundlicheres Elternhaus als ihre Mutter Adele. Auch in den Kriegsjahren hat sich Ingeborg bei ihren Eltern sehr sicher gefühlt. Aber trotzdem, auch für sie war das Wort der Eltern Gesetz. Wenn z. B. Besuch im Haus war, dann mußten die Kinder gewöhnlich in ihrem Zimmer bleiben und ganz ruhig sein. Am Tisch durften sie nur dann sprechen, wenn man sie gefragt hat. Die Eltern haben Ingeborg immer den Weg gezeigt. Selbst hat sie nie Wünsche gehabt. Auch in ihrer Ehe war das so. Heute kritisiert sie das.
d) Ulrike wollte schon früh anders leben als ihre Eltern. Für sie war es nicht mehr normal, immer nur das zu tun, was die Eltern gesagt haben. Noch während der Schulzeit ist sie deshalb zu Hause ausgezogen. Ihre Eltern konnten das am Anfang nur schwer verstehen. Mit 17 Jahren hat sie ein Kind bekommen. Das haben alle viel zu früh gefunden. Den Mann wollte sie nicht heiraten. Trotzdem ist sie mit dem Kind nicht allein geblieben. Ihre Mutter, aber auch ihre Großmutter haben ihr geholfen.

13. b) Die Mutter meines zweiten Mannes ist sehr nett. c) Die Schwester meiner neuen Freundin hat geheiratet. d) Der Freund meines jüngsten Kindes ist leider sehr laut. e) Die vier Kinder meiner neuen Freunde gehen schon zur Schule. f) Der Verkauf des alten Wagens war sehr schwierig. g) Die Mutter des kleinen Kindes ist vor zwei Jahren gestorben. h) Der Chef der neuen Autowerkstatt in der Hauptstraße ist mein Freund. i) Die Reparatur der schwarzen Schuhe hat sehr lange gedauert.

Nominativ	der zweite Mann	die neue Freundin	das jüngste Kind	die neuen Freunde
Genitiv	die Mutter meines zweiten Mannes	die Schwester meiner neuen Freundin	der Freund meines jüngsten Kindes	die Kinder meiner neuen Freunde
Nominativ	der alte Wagen	die neue Werkstatt	das kleine Kind	die schwarzen Schuhe
Genitiv	der Verkauf des alten Wagens	der Chef der neuen Werkstatt	die Mutter des kleinen Kindes	die Reparatur der schwarzen Schuhe

14. **b)** Als ich sieben Jahre alt war, hat mir mein Vater einen Hund geschenkt.   **c)** Als meine Schwester vor fünf Jahren ein Kind bekommen hat, war sie lange Zeit krank.   **d)** Als Sandra die Erwachsenen gestört hat, durfte sie trotzdem im Zimmer bleiben.   **e)** Als er noch ein Kind war, hatten seine Eltern oft Streit.   **f)** Als meine Großeltern noch gelebt haben, war es abends nicht so langweilig.   **g)** Als wir im Sommer in Spanien waren, war das Wetter sehr schön.

15. Als er ... Jahre alt war, hat er immer nur Unsinn gemacht. Als er ... Jahre alt war, hat er sich ein Fahrrad gewünscht. Als er ... Jahre alt war, ist er vom Fahrrad gefallen. Als er ... Jahre alt war, hat er sich nicht gern gewaschen. Als er ... Jahre alt war, hat er schwimmen gelernt. Als er ... Jahre alt war, hat er Briefmarken gesammelt. Als er ... Jahre alt war, hat er jeden Tag drei Stunden telefoniert. Als er ... Jahre alt war, hat er viel gelesen. Als er ... Jahre alt war, hat er geheiratet. Als er ... Jahre alt war, hat er sich sehr für Politik interessiert.

16. **a)** B **b)** C **c)** C **d)** A

---

1. feucht, trocken, heiß, warm, kühl, kalt, ...
2. **b)** feucht, kühl **c)** trocken, warm, heiß **d)** naß, feucht **e)** kalt **f)** stark, kalt, kühl, (warm)
3. **Landschaft/Natur:** Park, Tiere, Wasser, Blume, See, Strand, Pflanze, Meer, Fluß, Boden, Baum, Berg. **Wetter:** Eis, Nebel, Wolke, Sonne, Klima, Gewitter, Wind, Schnee, Regen, Grad

6

4.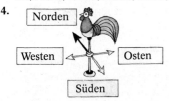
   Norden
   Westen   Osten
   Süden

5. **a)** Sommer **b)** Herbst **c)** Winter **d)** Frühling
6. **a)** vor zwei Tagen **b)** spät am Abend **c)** am Mittag **d)** in zwei Tagen **e)** früh am Morgen **f)** am Nachmittag
7. **b)** früh abends, gegen Abend **c)** spät abends **d)** am frühen Nachmittag **e)** am späten Nachmittag **f)** früh morgens **g)** am frühen Vormittag **h)** früh abends
8. **b)** Freitag mittag **c)** Dienstag abend **d)** Montag abend **e)** Montag nachmittag **f)** Samstag morgen
9. **b)** Das feuchte Wetter macht ihn krank. Es geht ihm nicht gut.   **c)** Petra kann ihre Schwester heute nicht besuchen. Vielleicht klappt es morgen./Vielleicht geht es morgen.   **d)** Wir können am Wochenende Ski fahren. In den Alpen gibt es Schnee.   **e)** Es regnet nicht mehr. Wir können jetzt schwimmen gehen.   **f)** Morgen nachmittag klappt es leider nicht./Morgen nachmittag geht es leider nicht. Da muß ich in die Schule gehen.   **g)** Geht es bis morgen?/Klappt es bis morgen? Ich brauche den Wagen unbedingt.   **h)** Meine Freundin kommt aus Bombay. Dort gibt es nie Schnee./Dort schneit es nie.
10. **c)** es **d)** er **e)** sie **f)** es **g)** es **h)** sie **i)** es **j)** er **k)** er **l)** es **m)** es **n)** er
11. **b)** Liebe Mutter,
    ich studiere jetzt seit acht Wochen in Bielefeld. Hier ist das Wetter so kalt und feucht, daß ich oft stark erkältet bin. Dann muß ich viele Medikamente nehmen. Deshalb fahre ich in den Semesterferien zwei Monate nach Spanien.
    Viele Grüße
    Deine Herminda

Schlüssel

c) Lieber Kurt,
ich bin jetzt Lehrer an einer Technikerschule in Bombay. Hier ist das Klima so feucht und heiß, daß ich oft Fieber bekomme. Dann kann ich nichts essen und nicht arbeiten. Deshalb möchte ich gerne wieder zu Hause arbeiten.   Viele Grüße
                Dein Benno

12. a) B **b)** B **c)** C **d)** B **e)** A **f)** A

13. ○ Was willst du denn jetzt machen?
    □ Das Auto waschen.
    ○ Warum das denn?
    □ Weil wir doch morgen meine Eltern besuchen. Da muß das Auto doch sauber sein.
    ○ Dann wasch es lieber später. Es regnet gleich.
    □ Das glaube ich nicht.
    ○ Doch, schau doch mal die schwarzen Wolken an.
    □ Trotzdem, ich wasche jetzt das Auto. Der Regen macht mir nichts.
    ○ Meinetwegen, wenn du unbedingt eine Erkältung bekommen willst.

14. Wann?: im Winter, bald, nachts, vorige Woche, damals, vorgestern, jetzt, früher, letzten Monat, am Abend, nächstes Jahr, früh morgens, heute, sofort, gegen Mittag, gleich, um acht Uhr, am Nachmittag, nachher, heute abend, diesen Monat, am frühen Nachmittag. **Wie oft?:** selten, nie, oft, immer, jeden Tag, meistens. **Wie lange?:** den ganzen Tag, ein paar Minuten, kurze Zeit, einige Jahre, wenige Monate, fünf Stunden

15. der Monat: den ganzen Monat, letzten Monat, vorigen Monat, nächsten Monat, jeden Monat, diesen Monat
    die Woche: die ganze Woche, letzte Woche, vorige Woche, nächste Woche, jede Woche, diese Woche
    das Jahr: das ganze Jahr, letztes Jahr, voriges Jahr, nächstes Jahr, jedes Jahr, dieses Jahr

16. b) nächstes Jahr, **c)** nächste Woche **d)** letztes Jahr/voriges Jahr **e)** letzten Monat/vorigen Monat **f)** übermorgen

17. a) Ich möchte an einem See wohnen, der nicht sehr tief ist/den nur wenige Leute kennen/auf dem man segeln kann/in dem man gut schwimmen kann/dessen Wasser warm ist/in dem es viele Fische gibt/an dem es keine Hotels gibt/auf dem (an dem) es mittags immer Wind gibt.
b) Ich möchte auf einer Insel leben, die ganz allein im Meer liegt/die keinen Flughafen hat/auf der nur wenig Menschen wohnen/auf der es keine Industrie gibt/zu der man nur mit einem Schiff kommen kann/deren Strand weiß und warm ist/für die es noch keinen Namen gibt/auf der (über der) immer die Sonne scheint.
c) Ich möchte in einem Land leben, das schöne Landschaften hat/in dem das Klima trocken und warm ist/dessen Sprache ich gut verstehe/in dem die Luft noch sauber ist/in dem man keinen Regenschirm braucht/in dem sich alle Leute wohl fühlen/das man immer interessant findet/dessen Leute freundlich sind.
d) Ich möchte in Städten wohnen, die viele Parks haben/deren Straßen nicht so groß sind/die noch Straßenbahnen haben/durch die ein großer Fluß fließt/die viele Brücken haben/in denen man nachts ohne Angst spazierengehen kann/für die sich die Touristen nicht interessieren/in denen man sich frei fühlt.

	Invers.-Signal	Subjekt	Verb	Subjekt	unb. obl. Erg.	Angabe	obligatorische Ergänzung	Verb
1		Ich der	möchte			nicht	an einem See sehr tief	wohnen, ist.
2	den			nur wenige Leute				kennen.
3	auf dem			man				segeln kann.
4	in dem			man		gut		schwimmen kann.
5		dessen Wasser					warm	ist.
6	in dem			es			viele Fische	gibt.
7	an dem			es			keine Hotels	gibt.
8	auf dem			es		mittags immer	Wind	gibt.

Schlüssel

18. ... aber ... dann/da ... trotzdem ... denn ... dann ... und ... also/deshalb ... übrigens ... zum Schluß ... deshalb/also ...

19. a) A, C **b)** A, B **c)** C **d)** B, C **e)** B, C **f)** A

7

1. a) Pflaster **b)** Fahrplan **c)** Schlüssel **d)** Salz **e)** Seife **f)** Milch **g)** Medikament **h)** Krankenschein **i)** Licht **j)** Versicherung **k)** Zimmer

2. a) das Gas, die Heizung, den Ofen, das Radio, den Motor, ... **b)** den Schirm, das Hotelzimmer, das Auto, ■ den Koffer, das Hemd, das Haus, die Grenze, den Ofen, die Flasche Schnaps, die Tasche, das Telefonbuch, .. **c)** eine Versicherung, das Hotelzimmer, das Auto, den Koffer, das Haus, ...

3. abfahren, abholen, abnehmen, abschleppen, abschließen, ...; anfangen, ankommen, anmachen, annehmen, ■ anrufen, anschauen, ansehen, anziehen, ..; aufhören, aufmachen, aufnehmen, aufpassen, aufräumen, aufschreiben, aufstehen, ... ausbilden, ausgeben, ausmachen, auspacken, aussehen, auswählen ausziehen, ...; einkaufen, einladen, einpacken, einschlafen, einstellen, ...; mitarbeiten, mitbringen, mitgehen, mitkommen, mitnehmen, mitsingen, mitspielen, ...; vorschlagen, vorstellen, ...; zuhören, zumachen, zuschauen, ...

4. b) Ihre Eltern lassen sie nicht allein Urlaub machen. **c)** Seine Frau läßt ihn nie kochen. **d)** Seine Mutter läßt ihn aufs Gymnasium gehen. **e)** Dort läßt er seine Katze impfen. **f)** Die Autowerkstatt läßt mich warten. **g)** Familie Behrens läßt sie mit dem Hund spielen. **h)** Sie läßt sie in der Reinigung waschen. **i)** Herbert läßt ihn nicht schlafen. **j)** Er läßt seine Frau fahren. **k)** Seine Eltern lassen ihn keinen Kaffee trinken. **l)** Er läßt es in der Werkstatt reparieren.

5. a) keinen, –, nicht, –, nichts **b)** kein, –, nicht, –, –, eine, nicht **c)** keinen, einen, nicht, nichts

6. b) Zum Kochen braucht man meistens Salz und Pfeffer. **c)** Zum Skifahren braucht man Schnee. **d)** Zum Schreiben braucht man Papier und einen Kugelschreiber. **e)** Zum Fotografieren braucht man einen Fotoapparat und einen Film. **f)** Zum Tanken muß man zur Tankstelle fahren. **g)** Zum Telefonieren muß man oft ein Telefonbuch haben. **h)** Zum Schlafen nimmt man am besten eine Wolldecke. **i)** Zum Lesen sollte man gutes Licht haben. **j)** Zum Reparieren braucht man gutes Werkzeug. **k)** Zum Wandern sollte man gute Schuhe haben.

7.

	Inversionssignal	Subjekt	Verb	Subjekt	unbetonte Ergänzung	Angabe	obligatorische Ergänzung	Verb
a)		Frau Meier	läßt		ihren Mann	heute		kochen.
b)		Sie	läßt			morgen	die Katze	impfen.
c)		Herr Meier	läßt				die Bremsen	prüfen.
d)	Seine Frau		läßt	er		nie	das Auto	fahren.
e)			Laß		mich	doch	die Fahrpläne	besorgen.
f)			Lassen	Sie	meinen Freund	bitte	Gitarre	spielen.

8. 1A, 2A, 3B, 4C, 5B, 6A, 7C, 8B, 9A, 10B

9. a) B **b)** A **c)** B **d)** A **e)** C **f)** A

10. Zuerst geht Herr Schulz zum Rathaus. Dort läßt er die Pässe und die Kinderausweise verlängern. Dann läßt er ■ beim Tierarzt die Katze untersuchen. Später läßt er in der Autowerkstatt die Bremsen kontrollieren; die ziehen nämlich nach links. Dann läßt er schnell im Fotogeschäft den Fotoapparat reparieren. Später hat er noch Zeit, die Haare schneiden zu lassen. Zum Schluß fährt er zur Tankstelle und tankt. Das Öl und die Reifen läßt er auch noch prüfen. Schließlich fährt er nach Hause. Seine Frau läßt er den Wagen nicht packen, das tut er selbst. Dann ist er endlich fertig.

11. auswandern: Arbeitserlaubnis, Visum, Paß, Untersuchung, Krankenversicherung, Konsulat, Botschaft, Auskunft, beantragen, impfen, anmelden, ..

12. a) AUSLÄNDER **b)** ÄMTERN **c)** AUFENTHALTSERLAUBNIS **d)** KRANKENSCHEIN **e)** ÜBERSETZEN

13. ... als ... wenn ... wann ... wann ... wenn ... als .. wann ... wann ... wenn ...

Schlüssel

14. b) Frau Meier weiß noch nicht, ob es in Mallorca guten Kaffee gibt.   **c)** Frau Mittler möchte gern wissen, wann die Läden in Norwegen zumachen.   **d)** Gerti fragt sich, wie lange die Diskotheken in der Schweiz auf sind.   **e)** Herr Klar weiß nicht, welche Sprache man in Andorra spricht.   **f)** Frau Schickedanz muß unbedingt wissen, ob man in Tunesien Alkohol kaufen kann.   **g)** Susanne überlegt, ob sie nach Spanien einen Pullover mitnehmen soll.   **h)** Herr Schuster weiß nicht, wieviel D-Mark 1000 italienische Lire sind.   **i)** Frau Möller fragt sich, wer sie am Bahnhof abholt.   **j)** Heiko möchte sehr gern wissen, ob es in Dänemark billigen Schnaps gibt.   **k)** Dr. Kaufmann überlegt, wo man ein günstiges Ferienhaus mieten kann.   **l)** Familie Aufderheide fragt sich, ob den Kindern wohl die Nordsee gefällt.   **m)** Herr Sutter überlegt, in welchem Land er die meisten Steuern sparen kann.   **n)** Frau Kuhlmann weiß noch nicht, wann ihr Zug abfährt.

	Inversionssignal	Subjekt	Verb	Subjekt	unbetonte Ergänzung	Angabe	obligatorische Ergänzung	Verb
a)	was	Herr Kurz	überlegt,	er				mitnehmen muß.
b)	ob	Frau Meier	weiß	es	nicht,	in Mallorca	guten Kaffee	gibt.
g)	ob	Susanne	überlegt,	sie		nach Spanien	einen Pullover	mitnehmen soll.
i)	wer	Frau Möller	fragt	sie	sich,	am Bahnhof		abholt.

15. b) Weißt du nicht, daß Karla morgen Geburtstag hat?   **c)** Ich habe vergessen, ob morgen ein Feiertag ist.   **d)** Ich weiß nicht, ob man für die DDR ein Visum braucht.   **e)** Ich kann nicht verstehen, daß die Türken gern auf dem Teppich sitzen.   **f)** Möchtest du nicht auch wissen, ob man in Kanada viel Geld verdienen kann?   **g)** Ich habe gehört, daß die Deutschen sehr früh aufstehen.   **h)** Ich habe nicht gewußt, daß die Geschäfte in der Bundesrepublik um 18.30 Uhr zumachen.   **i)** Kein Mensch weiß, ob die Österreicher mehr Wein oder mehr Bier trinken.   **j)** Ich bin nicht sicher, ob man in der Schweiz auch Italienisch spricht.

16. c) . . . , um mehr Geld zu verdienen.   **d)** . . . , um später in Italien eine Autowerkstatt aufzumachen.   **e)** . . . , damit seine Kinder Fremdsprachen lernen.   **f)** . . . , damit seine Frau nicht mehr arbeiten muß.   **g)** . . . , um in seinem Beruf weiterzukommen.   **h)** . . . , damit seine Familie besser lebt.   **i)** . . . , um eine eigene Wohnung zu haben.

17.

		Subjekt	Verb	Subjekt	Angabe	obligatorische Ergänzung	Verb
		Er	ist			in die Bundesrepublik	gekommen,
a)	um				hier		zu arbeiten.
b)	damit	seine Kinder				bessere Berufschancen	haben.
c)	um					mehr Geld	zu verdienen.
d)	um				später in Italien	eine Autowerkstatt	aufzumachen.
e)	damit	seine Kinder				Fremdsprachen	lernen.
f)	damit	seine Frau			nicht mehr		arbeiten muß.
g)	um				in seinem Beruf		weiterzukommen.
h)	damit	seine Familie			besser		lebt.
i)	um					eine eigene Wohnung	zu haben.

18. . . . weil . . . – . . . zu . . . damit . . . – . . . zu . . . daß . . . um . . . zu . . . – . . . zu . . . bevor . . . damit . . . weil . . . – . . . zu . . . um . . . zu . . . – . . . zu . . . um . . . zu . . . bevor . . . daß

19. a) C **b)** B **c)** A **d)** C **e)** A **f)** C

20. Individuelle Lösung

8

1. **Nachricht/wo?:** Radio, Fernsehen, Sendung . . ., **Nachricht/worüber?:** Krieg, Frieden, Vertrag, Wahl, Skandal, Unfall, Streik, Krise, Umweltproblem, Gesetz, Sport, Innenpolitik, . . .

2. **a)** in Stuttgart ist ein Bus gegen einen Zug gefahren. **b)** In Deggendorf ist ein Hund mit zwei Köpfen geboren. **c)** In Linz hat eine Hausfrau vor ihrer Tür eine Tasche mit einem Baby gefunden. **d)** In Basel hat es Verkehrsprobleme wegen Schnee gegeben. **e)** New York war ohne Licht/Strom. **f)** In Duisburg haben Arbeiter für die 35-Stunden-Woche demonstriert.

3.

Grenze	Heizung	Hochhaus	Post	Supermarkt	Verkehr
Beamter	Gas	Aufzug	Briefumschlag	Kasse	Bus
Paß	Öl	Wohnung	Päckchen	Lebensmittel	Straßenbahn
Zoll	Strom	Stock	Paket	Verkäufer	U-Bahn

4. **b)** Ich habe ein Päckchen mit einem Geschenk bekommen. **c)** Wir hatten gestern keinen Strom wegen des Gewitters/Wegen des Gewitters hatten wir gestern keinen Strom. **d)** Dieser Taschenrechner funktioniert ohne Batterie. **e)** Ich konnte gestern wegen des schlechten Wetters nicht zu dir kommen/Wegen des schlechten Wetters konnte ich gestern nicht zu dir kommen. **f)** Jeder in meiner Familie treibt Sport, außer mir/Außer mir treibt jeder in meiner Familie Sport. **g)** Der Arzt hat mein Bein wegen einer Verletzung operiert/Wegen einer Verletzung hat der Arzt mein Bein operiert. **h)** Ich bin gegen den Streik. **i)** Die Metallarbeiter haben für mehr Lohn demonstriert. **j)** Man kann nicht ohne Visum nach Australien fahren/Ohne Visum kann man nicht nach Australien fahren.

5.

	ein Streik	eine Reise	ein Haus	Probleme
für	einen Streik	eine Reise	ein Haus	Probleme
gegen	einen Streik	eine Reise	ein Haus	Probleme
mit	einem Streik	einer Reise	einem Haus	Problemen
ohne	einen Streik	eine Reise	ein Haus	Probleme
wegen	eines Streiks/einem Streik	einer Reise	eines Hauses/einem Haus	Problemen
außer	einem Streik	einer Reise	einem Haus	Problemen

6. **Politik:** Krieg, Frieden, Regierung, Partei, Minister, Parlament, Präsident, Meinung, Vertrag, Wahl, . . .

7. geben, anrufen, abschließen, besuchen, kennenlernen, vorschlagen, verlieren, beantragen, unterstreichen, finden, bekommen.

8. die Meinung, der Ärger, die Antwort, die Frage, der Besuch, das Essen, das Fernsehen/der Fernseher, die Operation, die Reparatur, der Regen, der Schnee, der Spaziergang, die Sprache, der Streik, die Unterschrift, die Untersuchung, die Verletzung, der Vorschlag, die Wäsche, die Wohnung, der Wunsch, die Demonstration.

9. **a)** über **b)** mit **c)** vor **d)** von **e)** gegen **f)** über, mit **g)** über **h)** mit **i)** zwischen **j)** für

10. **a)** A **b)** B **c)** C **d)** A **e)** B **f)** C **g)** B **h)** A **i)** A

11.

	a)	b)	c)	d)	e)	f)	g)	h)	i)	j)
wann?	X		X	X	X			X		
wie lange?		X				X	X	X		X

12.

	a)	b)	c)	d)	e)	f)	g)
dasselbe	X	X		X			X
nicht dasselbe			X		X	X	

13. 1968   1848   1917   1789   1830   1618   1939   1066   1492

9

1. **Alte Leute/Probleme:** allein sein, ins Altersheim kommen, unglücklich sein, Streit bekommen, nicht zuhören, sich nicht helfen können, stören, Gesundheit, . . .

2. **a)** sie – ihnen – sie – ihnen – ihnen – sie **b)** sie – sie – ihnen – ihnen– sie – ihnen – sie

3. sich – ihr – sich – sich – ihr – sie – ihr – sie – sich

Schlüssel

4. Familie Simmet wohnt seit vier Jahren mit der Mutter von Frau Simmet zusammen, weil ihr Vater gestorben ist. Ihre Mutter kann sich überhaupt nicht mehr helfen: Sie kann sich nicht mehr anziehen und ausziehen, Frau Simmet muß sie waschen und ihr das Essen bringen. Deshalb mußte sie vor zwei Jahren aufhören zu arbeiten. Sie hat oft Streit mit ihrem Mann, weil er sich jeden Tag über ihre Mutter ärgert. Sie möchten sie schon lange in ein Altersheim bringen, aber sie finden keinen Platz für sie. Frau Simmet glaubt, daß ihre Ehe bald kaputt ist.

5. b) Gehört der Schlüssel ihr? **c)** Gehört das Paket euch? **d)** Gehört der Wagen ihnen? **e)** Gehört der Ausweis ihm? **f)** Gehört die Tasche Ihnen? **g)** Das Geld gehört mir! **h)** Gehören die Bücher euch? **i)** Gehören die Pakete Ihnen, Frau Simmet? **j)** Die Fotos gehören ihnen.

6. a) auf **b)** für **c)** von **d)** über **e)** über **f)** auf **g)** mit – über **h)** zu **i)** mit **j)** über **k)** für **l)** von

7. b) Wohin fahren Sie im Urlaub? **c)** Wogegen habt ihr demonstriert? **d)** Worauf freust du dich? **e)** Wonach hat er gefragt? **f)** Worüber möchten Sie sich beschweren? **g)** Worüber denken Sie oft nach? **h)** Zwischen was können wir wählen? **i)** Woher kommen Sie? **j)** Wofür haben Sie Ihr ganzes Geld ausgegeben? **k)** Wovon hat Karin euch erzählt? **l)** Worüber sind viele Rentner enttäuscht?

8. a) B **b)** A **c)** A **d)** A **e)** C **f)** C

9. Alte Leute / schönes Leben: gute Rente, viel Freizeit, Verein, Altenclub, Reisen, Freiheit, Besuch, Musik, Enkelkinder, . . .

10. Hof, Fahrrad, Fernsehen, Bauer

11. Regal, Handwerker, Bleistift, Zettel, Werkzeug, Steckdose, Pflaster, Farbe, Seife, Bürste

12. a) – mir die **b)** ihn mir – **c)** sie Hans – **d)** – mir das **e)** sie mir – **f)** – mir die **g)** sie deiner Freundin – **h)** – uns den **i)** es ihnen – **j)** sie meinem Lehrer –

13.

	Inversions-signal	Subjekt	Verb	Subjekt	unbetonte oblig. Ergänz. Akk. (Pers.-Pron.)	Dativ (Nomen/ Pers.-Pron.)	Akkusativ (Nomen/ Definit-pronomen)	Angabe	obligatorische Ergänzung	Verb
a)			Können	Sie		mir		bitte	die Grammatik	erklären?
b)			Können	Sie		mir	die Grammatik	bitte genauer		erklären?
c)			Können	Sie		mir	die	bitte		erklären?
d)			Können	Sie	sie	mir		bitte		erklären?
e)		Ich	habe			meinem Bruder		gestern	mein neues Auto	gezeigt.
f)			Holst	du		mir		bitte	die Seife?	
g)		Ich	suche			dir		gern	deine Brille.	
h)		Ich	bringe			dir	dein Werk-zeug	sofort.		
i)			Zeig			mir	das	doch mal!		
j)		Ich	zeige		es	dir		gleich.		
k)			Geben	Sie		mir	die Lampe	jetzt?		
l)			Holen	Sie	sie	sich		doch!		
m)	Dann		können	Sie		mir	das Geld	ja vielleicht		schicken.
n)	Diesen Mantel		habe	ich		ihr		vorige Woche		gekauft.

14. **b)** Um 10 Uhr ist er einkaufen gegangen.   **c)** Um 11 Uhr hat er für höhere Renten demonstriert.   **d)** Um 12 Uhr hat er Frau Schibilsky in der Küche geholfen.   **e)** Nach dem Essen hat er eine Stunde geschlafen. **f)** Am Nachmittag hat er im Garten gearbeitet.   **g)** Dann hat er den Kindern bei den Schulaufgaben geholfen.   **h)** Dann hat er mit den Kindern Karten gespielt.   **i)** Um 18 Uhr hat er eine Steckdose repariert.   **j)** Um 19 Uhr hat er sich mit den Freunden von der Partei getroffen.   **k)** Um 21 Uhr hat er auf die Kinder aufgepaßt.   **l)** Um 23 Uhr hat er seinem Freund Karl einen Brief geschrieben.

15.	a)	b)	c)	d)	e)	f)
dasselbe		X	X	X	X	
nicht dasselbe	X					X

16. **a)** B   **b)** C   **c)** B   **d)** B   **e)** C   **f)** A   **g)** A   **h)** C   **i)** A

17. **sich kennenlernen / wo?:** Tanzsalon, Verein, Büro, Urlaub, Diskothek, Deutschkurs, Altenclub, Altersheim, . .

18. **Leute, die man (gut) kennt / aus der Familie:** Eltern, Geschwister, Großeltern (Oma, Opa), . . **nicht aus der Familie:** Freunde, Bekannte, Kollegen, Gäste, Arzt, Bäcker, . .

19. **a)** erzählt   **b)** Sprichst   **c)** erzählt   **d)** unterhalten   **e)** Sag (erzähl)   **f)** redest (sprichst)   **g)** gesagt **h)** sprechen (reden)   **i)** unterhalten   **j)** reden (sprechen)

20. **a)** stehen   **b)** setzen   **c)** liegt   **d)** sitze   **e)** liegt   **f)** steht   **g)** stehen   **h)** gesetzt   **i)** gesessen   **j)** liegt

21. **b)** Wir lieben uns.   **c)** Sie besuchen sich.   **d)** Wir helfen uns.   **e)** Wir hören uns.   **f)** Wir sehen uns morgen. **g)** Sie können sich gut leiden.   **h)** Sie haben sich Briefe geschrieben.   **i)** Ihr braucht euch.   **j)** Sie schenken sich Blumen.

22. **b)** Bevor er geheiratet hat, kannte er viele Mädchen.   **c)** Wenn ich gegessen habe, trinke ich gern einen Schnaps.   **d)** Weil ich dich liebe, schreibe ich dir jede Woche einen Brief   **e)** Als ich nach Spanien gefahren bin, habe ich ein tolles Mädchen kennengelernt.   **f)** Es dauert noch ein bißchen, bis der Film anfängt. **g)** Wenn es schneit, ist die Welt ganz weiß.   **h)** Als (nachdem) er gestorben ist, haben alle geweint. **i)** Während die Kollegen gestreikt haben, habe ich gearbeitet.

10

1. **a)** Pullover   **b)** Anzug   **c)** Mantel   **d)** Jacke   **e)** Bluse   **f)** Rock   **g)** Schirm   **h)** Strümpfe   **i)** Brille **j)** Kleid   **k)** Tasche   **l)** Hemd   **m)** Schuhe   **n)** Hose (Jeans)   **o)** Uhr

2. **a)** dick   **b)** arm   **c)** gefährlich   **d)** schmutzig   **e)** sparsame   **f)** pünktlich   **g)** ruhiger   **h)** nervös **i)** müde   **j)** traurig   **k)** vorsichtige   **l)** bescheiden

3. **a)** . . ., ob seine Verletzungen gefährlich sind   **b)** . . ., wie lange er im Krankenhaus bleiben muß   **c)** . . ., wo der Unfall passiert ist.   **d)** . . ., ob noch jemand im Auto war.   **e)** . . ., wohin er fahren wollte.   **f)** . . ., ob der Wagen ganz kaputt ist.   **g)** . . ., ob man ihn schon besuchen kann.   **h)** . . ., ob sie die Reparatur des Wagens bezahlt.

4. **b)** . . ., obwohl der Wagen erst letzte Woche in der Werkstatt war.   **c)** . . ., denn der braucht weniger Benzin. **d)** . . ., weil ich morgen keine Zeit habe.   **e)** . . ., bevor du zur Arbeit gehst?   **f)** . . ., daß die Reparatur so wenig gekostet hat.   **g)** . . ., aber für eine große Familie sind sie zu klein.   **h)** . . ., deshalb kann ich vor einer Autofahrt keinen Alkohol mehr trinken.

5. **b)** Bevor Maria bei ihrem Großvater gewohnt hat, hat sie mit ihrer Mutter alleine gelebt.   **c)** Als Maria gerade zwei Jahre alt war, ist ihr Vater gestorben.   **d)** Während Adeles Mutter nachmittags geschlafen hat, durften die Kinder nicht spielen.   **e)** Während (Als) Ulrike noch zur Schule gegangen ist, ist sie schon von zu Hause ausgezogen.

6. Beispiel:
Um 6.45 Uhr hat der Wecker geklingelt, aber Petra ist noch zehn Minuten im Bett geblieben. Dann ist sie aufgestanden, hat ihre Haare gewaschen und hat sich gewogen. Danach hat sie Kaffee getrunken. Dann hat sie das Auto aus der Garage geholt und eine Kollegin abgeholt. Dann mußte sie noch tanken. Danach ist sie zum Büro gefahren. Sie hat gehofft, schnell einen Parkplatz zu finden, aber sie mußte fünfzehn Minuten suchen. Um 8.35 Uhr hat ihre Arbeit angefangen. Zuerst hat sie vier Briefe geschrieben und dann zwei Briefe aus Spanien übersetzt. Danach ist die Schreibmaschine kaputt gegangen. Sie konnte sie nicht selbst reparieren. Deshalb hat sie früher aufgehört und ist nach Hause gefahren. Zu Hause hat sie eine Suppe gekocht und

Schlüssel

gegessen. Später hat sie zwei Stunden ferngesehen und fünf Zigaretten geraucht. Dann hat sie im Bett noch gelesen und ist um 23.30 Uhr eingeschlafen.

7. **a)** Flasche, Päckchen, Brief, Koffer, Paket, Tür, Kühlschrank, Dose   **b)** Heizung, Radio, Licht, Apparat, Kühlschrank   **c)** Sprache, Beruf, Deutsch   **d)** Päckchen, Koffer, Paket   **e)** Heizung, Radio, Apparat, Kühlschrank, Fahrrad   **f)** Brot, Gemüse, Film, Kuchen, Fleisch   **g)** Sprache, Buch, Leute, Frage, Brief, Antwort, Deutsch, Film   **h)** Stelle, Schule, Universität, Beruf, Platz, Kleidung, Geld

8. **a)** über ihren Hund, über die Regierung, über den Sportverein   **b)** mit dem Frühstück, mit der Schule, mit der Untersuchung, mit der Arbeit   **c)** um eine Zigarette, um die Adresse, um eine Antwort, um Feuer, um Auskunft   **d)** für den Brief, für die Verspätung, für die schlechte Qualität, für meine Tochter   **e)** vom Urlaub, von seinem Bruder, von ihrem Unfall, über ihren Hund, über die Regierung, von seiner Krankheit, über den Sportverein   **f)** auf das Wochenende, auf eine bessere Regierung, auf den Urlaub, auf besseres Wetter, über ihren Hund, über die Regierung, auf Sonne, auf das Essen, über den Sportverein, auf den Sommer   **g)** auf das Wochenende, auf eine bessere Regierung, auf den Urlaub, auf besseres Wetter, auf das Essen, auf Sonne, auf den Sommer   **h)** auf den Urlaub, für ein Haus, für eine Schiffsreise, für meine Tochter

9. **b)** Ich verspreche dir, daß wir im nächsten Sommer wieder in die Türkei fahren. (. . ., wieder mit dir in die Türkei zu fahren.)   **c)** Es hat doch keinen Zweck, bei diesem Wetter das Auto zu waschen. (. . ., daß du bei diesem Wetter das Auto wäschst.)   **d)** Hilfst du mit, meinen Regenschirm zu suchen?   **e)** Es hat aufgehört zu schneien.   **f)** Hast du vergessen, daß du mit uns Fußball spielen wolltest? (. . ., mit uns Fußball zu spielen?)   **g)** Ich habe keine Lust, bei diesem Nebel Fahrrad zu fahren.   **h)** Heute habe ich keine Zeit, schwimmen zu gehen.   **i)** Ich finde, daß wir mal wieder essen gehen sollten.

10. **b)** . . ., um morgens länger schlafen zu können. . . ., damit ich morgens länger schlafen kann.   **c)** . . ., damit meine Kinder mich dann öfter sehen.   **d)** . . ., damit meine Frau dann wieder arbeiten kann.   **e)** . . ., um dann ruhiger leben zu können. . . ., damit ich dann ruhiger leben kann.   **f)** . . ., um meine Freunde dann öfter treffen zu können. . . ., damit ich meine Freunde dann öfter treffen kann.   **g)** . . ., damit meine Frau und ich dann öfter zusammen sind.   **h)** . . ., um dann öfter im Garten arbeiten zu können. . . ., damit ich öfter im Garten arbeiten kann.

11. **a)** Er könnte dir doch im Haushalt helfen.   **b)** Ich würde ihm keinen Kuchen mehr backen.   **c)** Ich würde mir wieder ein Auto kaufen.   **d)** Er müßte sich eine neue Stelle suchen.   **e)** Er sollte sich neue Freunde suchen.   **f)** Du solltest dich nicht mehr über ihn ärgern. Ich würde mich nicht mehr über ihn ärgern.   **g)** Er könnte doch morgens spazierengehen.   **h)** Du solltest ihm mal deine Meinung sagen. Ich würde ihm mal meine Meinung sagen.   **i)** Er sollte selbst einkaufen gehen.   **j)** Du solltest mal mit ihm über euer Problem sprechen. Ich würde mal mit ihm über euer Problem sprechen.

12. **a)** gelb   **b)** breit   **c)** schwierig   **d)** schlank   **e)** heiß   **f)** niedrig   **g)** scharf   **h)** preiswert   **i)** falsch   **j)** froh   **k)** feucht   **l)** verwandt   **m)** sympathisch   **n)** jung

13. **a) Verkehr:** Unfall, Panne, Führerschein, Fahrplan, Kilometer   **b) Zeit:** Monat, Uhr, Tag, Datum, Stunde, (Fahrplan)   **c) Politik:** Wahl, Partei, Gewerkschaft, Regierung, Krieg   **d) Wetter:** Nebel, Schnee, Sonne, Gewitter, Regen   **e) Post:** Briefumschlag, Päckchen, Briefmarke, Paket, Telegramm   **f) Tiere:** Hund, Katze, Schwein, Vogel, Fisch   **g) Natur:** Baum, Wald, Pflanze, Meer, Blume   **h) Familie:** Schwester, Eltern, Kinder, Verwandte, Bruder   **i) Schule:** Lehrer, Zeugnis, Unterricht, Prüfung, Klasse   **j) Betrieb:** Kollege, Angestellter, Betriebsrat, Arbeiter, Abteilung, (Industrie), (Maschine), (Gewerkschaft), (Werkstatt)   **k) Technik:** Industrie, Maschine, Elektromotor, Apparat, Werkstatt   **l) Geld:** Rechnung, Versicherung, Steuer, Bank, Konto

14. **a)** die   **b)** in dem   **c)** von dem   **d)** den   **e)** von dem   **f)** mit denen   **g)** auf deren   **h)** dessen   **i)** in der   **j)** deren   **k)** die

15. **a)** durch   **b)** auf   **c)** bei   **d)** von . . . nach . . . unter   **e)** zwischen   **f)** bis   **g)** über . . . nach   **h)** gegen (in)   **i)** aus . . . in   **j)** von . . . bis   **k)** unter . . . über   **l)** zwischen   **m)** nach   **n)** seit   **o)** in   **p)** mit   **q)** bis   **r)** während (in)

16. **a)** abschließen   **b)** anziehen   **c)** einladen (anrufen)   **d)** hören   **e)** entlassen   **f)** kündigen   **g)** anmelden   **h)** gewinnen   **i)** anrufen   **j)** beantragen   **k)** erklären   **l)** bauen   **m)** waschen   **n)** kennenlernen (besuchen, einladen)   **o)** besuchen

17. bekanntes . . . freundlichen . . . interessanten . . . netten . . . guten . . . jungen . . . ausgezeichneten . . . gute . . . sichere . . . moderne . . . neuen . . . kurze

Quellennachweis der Texte, Illustrationen und Fotos

Seite 7: ‚Robert Redford' und ‚Bud Spencer': Archiv Dr. Karkosch, Gilching

Seite 8: ‚Klaus Kinski': Bilderdienst Süddeutscher Verlag, München – ‚Mick Jagger': Fotografenteam jürgen & thomas, München

Seite 17: Text BUNTE 26. 4. 1983 – Foto: Khurram Amrohi, New Delhi

Seiten 18/19: Text gekürzt und bearbeitet nach einem Bericht von Erika Laschka-Gohr in „freundin" 6/82, S. 156/158 – Fotos: Frank Kotzerke, München

Seite 20: Foto: H.-E. Piepho, Pohlheim

Seite 30: aus: Erich Rauschenbach, „Du gehst mir auf'n Keks!", Eichborn Verlag, Frankfurt/Main

Seite 31: Text: Jugend-Scala Nov. 82

Seite 41: wie Seite 30

Seiten 42/43: Foto links und Foto rechts unten: STERN/Kurt Will

Seite 49: Themen 1, Kursbuch

Seite 55: Text: STERN/Andreas Böhme – Foto oben: Jürgen Lische, Hamburg

Seite 56: Foto: Bilderdienst Süddeutscher Verlag, München

Seite 57: Foto oben: STERN/Franz Epping – Foto unten: Werner H. Müller, Stuttgart

Seite 65: wie Seite 30

Seite 66: „Miteinander reden" aus: Klaus Altepost/Ralf Howe: Gedichte aus dem 5. Stock, 2. Aufl. Münster 1981: Selbstverlag der Autoren – „Wenn Herr K. einen Menschen liebte" aus: Geschichten von Herrn Keuner, Suhrkamp Verlag, Frankfurt/Main, 1971

Seite 67: Foto: Bavaria-Verlag, Gauting/Photomedia

Seite 75: Foto: Bilderdienst Süddeutscher Verlag, München

Seite 76: Foto: Digne Meller Marcovicz, Frankfurt/Main – Karikatur: J. Wolter, Lohmar

Seite 77: Grafik und Tabelle: SPIEGEL Nr. 30/82 – Foto rechts Mitte: Kraufmann & Kraufmann, Stuttgart – Foto rechts unten: J. Darchinger, Bonn

Seite 86: Fotos: Brigitte Alfaro, München – „Der kleine Unterschied" aus: Mascha Kaléko, „In meinen Träumen läutet es Sturm", dtv Band 1294

Seite 87: Fotos: Dagmar Westphal, Hamburg

Seite 88: aus: Peter Bichsel, „Eigentlich möchte Frau Blum den Milchmann kennenlernen", Walter Verlag, Olten

Seite 94: oberes Foto: STERN/Herbert Peterhofen – unteres Foto: dpa

Seite 95: Foto: STERN/Volker Krämer

Seite 96: Erich Fried, „Gründe", aus: „und Vietnam und", Klaus Wagenbach Verlag, Berlin – Robert Walser, „Basta", aus: Das Gesamtwerk, Band 2. Mit Genehmigung der Inhaberin der Rechte der Carl Seelig-Stiftung, Zürich © Suhrkamp Verlag, Frankfurt und Zürich, 1978 – Thomas Brasch, „Der schöne 27. September" aus: Thomas Brasch, „Der schöne 27. September", Suhrkamp Verlag, Frankfurt/Main

Seite 97: Anzeige: Verband Deutscher Zeitschriftenverleger e.V., Bonn

Seite 107: wie Seite 88

Seite 119: aus: Bertolt Brecht, Gesammelte Werke in acht Bänden, Band 4, Suhrkamp Verlag, Frankfurt/Main 1967

Seiten 120/121: aus: Jugend-Scala, Sept. 1982

Seite 122: Text aus: „Braunbuch über Reichstagsbrand und Hitler-Terror", Röderberg Verlag, Frankfurt/Main – Foto: Bilderdienst Süddeutscher Verlag, München

Seite 123: aus: Erich Kästner, „Bei Durchsicht meiner Bücher", Atrium Verlag, Zürich 1946

Alle übrigen Fotos: Werner Bönzli, Reichertshausen

LESETEXTE DEUTSCH

Eine Reihe von einfachen oder vereinfachten Texten für Deutschlernende, herausgegeben und bearbeitet von Edith und Albert Schmitz.

Die Lesetexte bieten unterhaltsame, spannende Lektüre für den Kursunterricht oder für das Selbststudium. Die Reihe gliedert sich sprachlich in drei Niveaustufen.

Anruf für einen Toten
Kriminalgeschichten
88 Seiten, mit Zeichnungen, gh.   ISBN 3–19–001343–8

Rübezahl und das kleine Mädchen
Sagen und Märchen
52 Seiten, mit Zeichnungen gh.   ISBN 3–19–001378–0

Schläft wohl gern länger
Jugendgeschichten
64 Seiten, mit Zeichnungen, gh.   ISBN 3–19–001395–0

Der Tag davor
Science-fiction. Erzählungen über die Zukunft
56 Seiten, mit Zeichnungen, gh.   ISBN 3–19–001345–4

Ein Platz für Elefanten
Tiergeschichten
72 Seiten, mit Zeichnungen, gh.   ISBN 3–19–001347–0

Fliegen, wo kein Vogel mehr fliegt
Abenteuergeschichten
56 Seiten, mit Zeichnungen, gh.   ISBN 3–19–001348–9

Start mit Schwierigkeiten
Reiseerzählungen
60 Seiten, mit Zeichnungen, gh.   ISBN 3–19–001379–9

Einer wie ich
Geschichten aus der Welt des Sports
72 Seiten, mit Fotos und Zeichnungen, gh.   ISBN 3–19–001397–7

Max Hueber Verlag